Karl Kinzel

Walther von der Vogelweide und des Minnesangs Frühling

Karl Kinzel

Walther von der Vogelweide und des Minnesangs Frühling

ISBN/EAN: 9783743488243

Hergestellt in Europa, USA, Kanada, Australien, Japan

Cover: Foto ©Thomas Meinert / pixelio.de

Manufactured and distributed by brebook publishing software (www.brebook.com)

Karl Kinzel

Walther von der Vogelweide und des Minnesangs Frühling

Denkmäler
der
Älteren deutschen Litteratur
für den litteraturgeschichtlichen Unterricht
an höheren Lehranstalten

im Sinne der amtlichen Bestimmungen

herausgegeben

von

Dr. **Gotthold Bötticher,** und Dr. **Karl Kinzel,**
Oberlehrer am Lessing-Gymnasium   Professor am Grauen Kloster
zu Berlin.

II.
Die höfische Dichtung des Mittelalters.
1. Walther von der Vogelweide und des Minnesangs Frühling.

Halle a. S.,
Verlag der Buchhandlung des Waisenhauses.
1893.

Walther von der Vogelweide

und

Des Minnesangs Frühling

ausgewählt, übersetzt und erläutert

von

Dr. Karl Kinzel.

Dritte verbesserte Auflage.

———————

Halle a. S.,
Verlag der Buchhandlung des Waisenhauses.
1893.

Vorwort.

Wenn wir hier eine Auswahl aus den Gedichten Walthers von der Vogelweide herausgeben, so gehen wir von der Überzeugung aus, welche hoffentlich allgemein geteilt wird, daß die vollständige Sammlung derselben in keiner Beziehung für die Schule oder den Schüler geeignet ist. Weder reicht die Zeit, welche für den Gegenstand verfügbar ist, für die Behandlung einer größeren Zahl seiner Dichtungen hin, noch sind dieselben nach Inhalt und Form für den Unterricht verwertbar. Es waren daher die für diesen Zweck brauchbaren auszuscheiden und so zu ordnen, daß eine methodische Behandlung leicht möglich ist. Wir haben hierbei den Versuch gemacht, zwei Gesichtspunkten zugleich Rechnung zu tragen. Zunächst ergiebt ein Blick auf das Ganze das ideale Bild der Entwicklung des deutschen Dichters. Der erste Abschnitt, die Minnepoesie umfassend, zeigt uns den jugendlichen Mann am Hofe zu Wien; der zweite, „Für Kaiser und Reich" betitelt, seine Wirksamkeit im öffentlichen Leben, abschließend mit dem Bekenntnis, welches er bei seiner Rückkehr nach Österreich in dem Liede: „Deutschland über Alles" ablegt; der dritte, „Für Gottes Ehr' und deutsches Wesen", giebt gewissermaßen die Ergebnisse seiner sittlichen Lebenserfahrung im Alter und schließt mit dem Kreuzliede und dem Schwanengesang. Innerhalb der einzelnen Gruppen wird der Faden auch dem Schüler leicht erkennbar sein.

So, glauben wir, wird sich, worauf es uns hauptsächlich ankommt, das Bild dieses herrlichen deutschen Dichters klar, fest und in sich abgerundet den Lesern einprägen. Daß wir bei unsrer Anordnung zuweilen etwas willkürlich verfahren sind, halten wir durch unser Ziel für gerechtfertigt.

Weshalb wir zugleich die schönsten Blumen aus des Minnesangs Frühling zu einem Strauß gebunden und den Liedern Walthers vorausgeschickt, rechtfertigt die Einleitung. Auch bei der Anordnung dieser Lieder sind wir so verfahren, daß der Fortschritt in der Entwicklung vom einfachsten Ausdruck des Naturgefühls bis zum gedankenreichsten lyrischen Gedichte zur Anschauung gebracht ist.

Die mittelalterlichen Lieder zu erklären ohne Zuhilfenahme der Originale halten wir für unmöglich. Denn keine Übertragung kann das Ursprüngliche wirklich wiedergeben oder ersetzen. Hier erhält nun auch der begabtere Schüler Gelegenheit, sich mit dem Urtext bekannt zu machen. Zu diesem Zwecke ist ein kleines Wörterverzeichnis beigefügt. Wir hoffen hierdurch das Interesse für unser deutsches Altertum, das uns vielfach zu ermatten scheint, zu beleben. Der mittelhochdeutsche Text folgt den Ausgaben von Lachmann und Wilmanns.

Die Anmerkungen sind an das Ende gesetzt, damit der Schüler sich ev. vorher auf die Stunde vorbereiten könne.

Was unsre Übertragung der mittelhochdeutschen Gedichte betrifft, so waren wir in erster Linie bemüht, den Gedanken des Dichters möglichst genau in gutem Neuhochdeutsch wiederzugeben, erst in zweiter Linie stand uns die getreue Anlehnung an die alte Form des Ausdrucks.

Über die allgemeinen Grundsätze unsrer „Denkmäler" geben die Vorbemerkungen zur ganzen Sammlung Auskunft, welche durch die Verlagsbuchhandlung zu beziehen sind.

Für die methodische Behandlung des Gegenstandes ist zu verweisen auf „Epische und lyrische Dichtungen erläutert für die Oberklassen der höheren Schulen", herausgegeben von F. Polack (Gera, Th. Hofmann 1887) und „Lehrproben und Lehrgänge", herausgegeben von O. Frick und H. Meier (Halle, Waisenhaus 1889) 19. Heft. Dies letztere haben wir erst nach Vollendung unsrer Arbeit eingesehen.

Inhalt.

                                                                Seite

Einleitung 1

Aus des Minnesangs Frühling:
  Namenlose Lieder:
    1. Mein. Du bist mein 15
    2. Frühlingsgedanke. Ich hab' gesehen 15
    3. Frühlingswonne. Noch keinen Sommer 15
    4. Gruß. Der aller Welten Meister ist 15
    5. Zum Reihen! Laß springen den Reihen . . . 17
  Herr von Kürenberg:
    6. Der Falke. Ich zog mir einen Falken . . 17
  Dietmar von Eist:
    7. Frühlingstrost. Ei sieh! Nun kommt 17
    8. Erinnerung. Oben auf der Linde. . . . 19
    9. Sehnsucht. Es stand ein Weib alleine 19
  Heinrich von Veldeke:
    10. Wintersnot. Seit die Sonne ihren Schein . . . 19
    11. Hoffnung. Wenn erst kommt die süße Zeit. . . 21
    12. Vogelsang. So in dem Aprillen 21
  Friedrich von Hausen:
    13. Zwiespalt. Es will mein Herze 23
  Hartmann von Aue:
    14. Kreuzlied. Dem Kreuze ziemt 25
  Reinmar der Alte:
    15. Glücksverkündigung. Froh bin ich . . . 27
    16. Auf Leopolds Tod. Da sei der Sommer . . . 29
  Spervogel:
    17. Weihnacht. Gewaltig ist er 31
    18. Das himmlische Jerusalem. Im Himmelreich . . 31
    19. Auferstehung. In des Ostermorgens Schein . . 31
    20. Der Allwissende. Wurzeln des Waldes . . . 31
    21. Erlösung. Ich hab' gedienet lange 33
    22. Unverzagter Mannesmut. Es ziemt dem Helden . 33
    23. Weibes Tugend. Ob auch ein reines Weib . . 33
    24. Freundschaft. Wer seinen guten Freund . . 33
    25. Priamel. Wer einen Freund will suchen . . . 35
    26. Unthätiger Groll. Zwei Hunde stritten 35

Aus Walther von der Vogelweide:
  Minnelieder:
    1. Maienlust. Wollt ihr schauen 39
    2. Frühling und Frauen. Wenn die Blumen . . . 41
    3. Frühlings Wiederkehr. Der Reif that wohl . . . 43

	Seite
4. Der Traum. Als der Sommer kommen wollt'	45
5. Sehnsucht nach dem Frühling. Uns hat der Winter	47
6. Ein Tröstlein. In Zweifeln und Gedanken	47
7. Winterklage. Gelb, rot und blau	49
8. Wahre Liebe. Du herzliebes Mägdelein	51

Für Kaiser und Reich:

9. Leopolds Milde. Mir ist versperrt	53
10. Vermächtnis. Nun will ich teilen	53
11. Reisesegen. Mit Segen laß mich	53
12. Gut, Gnad' und Ehr'. Ich saß auf einem Stein	55
13. Zur Königswahl. Konnt' oft der Wasser Rauschen	57
14. Des Reiches Zwiespalt. Geheim konnt' ich durchschauen	57
15. Philipp gekrönt. Die Kron' ist älter doch	59
16. Mahnung an die Geistlichen. Als Gottes Sohn	59
17. Mahnung an Philipp. O Philipp, König stolz	61
18. Philipp in Magdeburg. Zu Magdeburg, am Tag	61
19. Des Papstes Gebot. Herr Papst, ich werd' doch	63
20. Doppelzüngigkeit. Gott giebt zum König	63
21. Otto, von Gottes Gnaden Kaiser. Herr Kaiser, ich	63
22. Der Kaiser Milde und Länge. Ich wollt' nach	65
23. An Friedrich. Apuliens König, Vogt von Rom	65
24. Sehnsucht nach einem Heim. Schön guten Tag	65
25. Dank an Friedrich. Ich hab' mein Lehen	67
26. Landgraf von Thüringen. Ich zähl' mich	67
27. Der Pfaffen Einmischung. Es hat der König	69
28. Der wälsche Schrein. Sieh nur, wie christlich	69
29. Der Opferstock. Sagt an, Herr Stock	69
30. Deutschland über Alles. Heißet mich nun	71

Für Gottes Ehr' und deutsches Wesen:

31. Brüderlichkeit. Wer deine zehn Gebote	75
32. Selbstüberwindung. Wer schlägt den Löwen	75
33. Unbeständige Freundschaft. Wer sich zum Freund	75
34. Erprobte Freundschaft. Wer sich den eignen Freund	77
35. Verwandtschaft und Freundschaft. An hohen Blutsverwandten reich	77
36. Pfui Heuchelei! Gott weiß, mein Lob	79
37. Habsucht. Wer schwere Sünd'	79
38. Reichtum ohne rechten Sinn. Wie wundersam	79
39. Ehret die Alten. Die Väter haben ihre Söhn'	81
40. Jugendlehren. Niemand zwingt mit Ruten	81
41. Das heilige Land. Nun erst ist mir wert	83
42. Schwanengesang. O weh, wohin entschwanden	87
Anmerkungen	90
Wörterverzeichnis	104
Verzeichnis der mhd. Gedichte, alphabetisch	113

Einleitung.

Walther von der Vogelweide und seine Vorgänger.

Walther von der Vogelweide ist nicht als ein das „finstre Mittelalter" wunderbar erleuchtendes Meteor aufzufassen, das unerwartet und durch nichts vorbereitet die Wolken durchbrach, sondern er bezeichnet den Höhepunkt einer zwar kurzen, aber sehr reizvollen Entwickelung. Daher gehört zu seinem vollen Verständnis ein Blick auf die Geschichte der mittelhochdeutschen Lyrik und eine Kenntnis der schönsten Blüten, welche des Minnesangs Frühling hervorgebracht hat.

Zwar mögen schon lange, bevor die deutsche Kunstlyrik geboren wurde, Liebeslust und Liebesleid in kurzen, volkstümlichen Versen ihren einfachen Ausdruck gefunden haben, etwa so wie es die kleinen, ohne Namen der Verfasser uns überlieferten Liedchen [Nr. 1—5] zeigen: der eigentliche kunstmäßige Ausdruck der Empfindung fand bei unsern Vorfahren keinen Raum, solange die alten Heldenlieder erklangen, solange dann die Geistlichen in drei Jahrhunderten fast allein die Träger der Poesie waren oder (im 11. Jahrhundert) mit den neu aus der Verborgenheit auftauchenden Spielleuten um die Wette Harfe und Fiedel zum Gesang ertönen ließen. Erst als im 12. Jahrhundert das Leben der Höfe einen höheren Schwung nahm, als durch die Kreuzzüge u. a. eine idealere Lebensauffassung Platz griff, als aus den niederen Dienstmannen der neue Stand der Ritter sich entwickelte, als durch die Teilnahme der Frauen an der Gesellschaft feinere Sitten den Verkehr veredelten und der Frauendienst entstand, sproßte wunderbar schnell, durch die Ritter gepflegt, die neue Kunst hervor, um in etwa dreißig Jahren die hohe Blüte zu erreichen, welche wir bei Walther bewundern. Es ist keine relative Höhe, welche sie in ihm erklommen. Die besten Gedichte unsres mittelalterlichen Klassikers stellen sich den besten aller Zeiten würdig an die Seite und weichen, recht aufgefaßt und gewürdigt, auch denen Goethes nicht. Ja bei aller Bewunderung und Liebe, welche wir den schönsten Liedern dieses größten modernen Lyrikers zollen: einen Vorzug müssen wir gerechter Weise der Muse Walthers von der Vogelweide zuerkennen, das ist ihre religiöse und ihre patriotische Seite.

Obgleich der Anstoß zur Entwickelung der deutschen Lyrik wohl unstreitig auf den Kreuzzügen durch den Verkehr unsrer Ritter mit den Franzosen gegeben worden ist, welche schon vor jenen im Besitz einer solchen Kunst waren, halten sich doch die ältesten ritterlichen Dichter von französischem Einfluß ziemlich frei und ahmen ihre Lieder nicht nach. Wir finden sie in Österreich an der Donau thätig.

Fünfzehn Strophen sind uns unter dem Namen eines **Herrn von Kürenberg** überliefert, in welchem man einst den Dichter der Nibelungen zu sehen glaubte, weil dreizehn derselben in der Nibelungenstrophe verfaßt sind. Der Ritter war in der Nähe von Linz zu Hause, wo mehrere Männer dieses Namens nachgewiesen sind. Näheres wissen wir von ihm wie von der Mehrzahl der mittelalterlichen Sänger nicht. Die meisten dieser Strophen sind Frauen in den Mund gelegt. Sie zeichnen sich durch Schlichtheit der Gedanken und Empfindungen aus und sind außerdem noch dadurch so eindrucksvoll auf unsre Vorstellungskraft, daß sie uns meist in bestimmte klare Situationen versetzen. Siehe Nr. 6.

In höherer Ausbildung zeigt uns die Lyrik schon der Österreicher **Dietmar von Eist**, welcher vermutlich zwischen 1170 und 1200 im Dienste der Herren von Eist stand. Ihre Stammburg lag im Lande ob der Ens, in der Riedmark, auf einem Hügel, der noch jetzt Alteist heißt. Anfangs dichtete Dietmar in der einfachen älteren Weise, später schloß er sich der neuen Kunstrichtung an, welche durch den unmittelbaren Verkehr mit Frankreich aus den Rheinlanden sich verbreitete. [Nr. 7—9.]

Als Begründer derselben ist **Heinrich von Veldeke** zu betrachten. Er stammt aus der alten Grafschaft Looz und war bei Limburg zu Hause, wo noch heute eine Mühle den Namen Veldeke trägt. Seine Zeitgenossen sagten von ihm, er habe das erste Reis der höfischen (epischen) Dichtung dem Baum der Poesie durch sein erzählendes Gedicht Eneit eingeimpft. Die Worte Gottfrieds

von Straßburg finden sich in den Denkmälern II, 2 S. 4 ab=
gedruckt. Nachdem er, veranlaßt durch einen Grafen von Looz
und seine Gemahlin Agnes, den heiligen Servatius gedichtet,
begann er dieselbe am Hofe zu Cleve nach französischer Vorlage
und vollendete sie im Dienste Hermanns von Thüringen. Wie
hierin, so folgte er auch in seiner Lyrik dem französischen Einfluß
und zeigt den Frauendienst in voller Blüte. Daneben finden
wir aber bei ihm auch noch einfachere Lieder wie die in unsre
Sammlung aufgenommenen. [Nr. 10—12.]

Während die bisher genannten im Dienste edler Geschlechter
standen, gehörte Friedrich von Hausen selbst einem solchen an,
das in der Nähe von Worms ansässig war. Er trat in den
Dienst Friedrichs I. Barbarossa, wurde häufig von ihm mit wich=
tigen Aufträgen betraut und begleitete den Kaiser wiederholt bei
feierlichen Gelegenheiten, wie bei seiner Zusammenkunft mit Phi=
lipp August von Frankreich in Yvoi 1187. Im folgenden Jahre
nahm er das Kreuz und zog dann mit dem deutschen Kaiser ins
heilige Land, wo er im Gefecht bei Philomelium am 6. Mai 1190
seinen Tod fand. Den Fall des Helden erzählt der Chronist
Gottfried von Köln ziemlich ausführlich; er sagt: „Es fiel dort
auch Friedrich von Hausen, ein tapferer und edler Mann, der
sich den Ruhm ausgezeichneter Tüchtigkeit und hoher Ehren er=
worben hatte. Als er kühn in die Türkenscharen einhieb und
auf einen der Feinde losritt, stürzte sein Pferd, einen kleinen
Graben überspringend; er fiel unter dasselbe und blieb tot. Ob
seines Falles bemächtigte sich solche Trauer des Lagers, daß man
das Gefecht abbrach und an Stelle des Kriegslärms Klagegeschrei
erhob." Seine Kunst zeigt, auch in dem ausgehobenen Liede
[Nr. 13], den erheblichen Fortschritt sowohl in der Eigenartig=
keit des durchgeführten Gedankens, als auch in dem Ernst der
Auffassung. Den letzteren aber bekundet besonders

Hartmann von Aue, ein Zeitgenosse Walthers, welcher in
der Minne und dem Frauendienst die gemütvollere deutsche Auf=
fassung wieder deutlicher hervortreten läßt. Er war um 1160
in Schwaben geboren, wo er einem Freiherrn von Aue als Ritter
diente. Er was sô gelêret, daz er an den buochen las, und
verstand französisch und latein. Gottfried von Straßburg erwähnt
ihn im Tristan als einen Lebenden um 1207; doch als Hein=
rich v. d. Türlein seine „Krone" dichtete um 1220, war er
schon tot. Berühmt wurde er als Epiker durch seine gewandte,

formvollendete Kunst zu erzählen; vgl. diese Denkmäler II, 2 „Der arme Heinrich nebst dem Inhalte des Erek und Jwein". Im Spätjahr 1195 nahm er das Kreuz, 1197 zog er ins heilige Land. Das ausgewählte Lied [Nr. 14] ist das schönste seiner Gedichte und kann sich nach Inhalt und Form mit Walthers besten messen. Vielleicht folgte er als Lyriker ebenso wie dieser dem Vorbilde

Reinmars, zum Unterschiede von dem spätern Lyriker Reinmar von Zweter der Alte genannt, welcher die von französischen Mustern beeinflußte Kunst nach Österreich verpflanzte. Gottfried von Straßburg nennt ihn im Tristan die Nachtigall von Hagenau, woraus man auf seine elsässische Heimat schließt. 1207, als Gottfried diese Stelle dichtete, war Reinmar schon tot, vielleicht ist er nicht einmal 50 Jahre alt geworden. Sein Ruhm war groß; Gottfried sagt, er habe die Führung der Sänger gehabt, welche nach seinem Tode seinem Schüler Walther gebühre. Dieser erwähnt ihn oft und beklagt seinen Tod. Seinem Herzog Leopold VI., der ihn an den Hof zu Wien gezogen, widmete Reinmar sein schönstes Lied, als derselbe früh (1194) seinen Tod in einem Turnier gefunden hatte. [Nr. 15. 16.]

Waren die bisher genannten Walthers Vorgänger in der Liederdichtung, so hatte er auch solche als **Spruchdichter**. Die älteste Spruchsammlung ist uns unter dem Namen **Spervogel** überliefert. Gewiß war dies der Künstlername eines oder zweier Dichter, deren Strophen hier vereinigt sind. Beide waren niedere Fahrende, d. h. Spielleute, welche im Lande umherzogen und um Lohn sangen. Der ältere, den man auch Herger genannt hat, war vermutlich eines Bauern Sohn aus Baiern um 1170, den jüngeren setzt man in Friedrichs I. spätere Zeit. [Nr. 17—26.]

Den Namen **Walthers von der Vogelweide** meldet kein Geschichtschreiber seiner Zeit und keine Urkunde, obwohl wir wissen, daß seine Sprüche von großem Einfluß auf seine Zeitgenossen (siehe unten Anmerkung zu Walthers Spruch Nr. 28), auf die bedeutendsten Männer, auf Fürsten und Könige gewesen sind. Aber seine Stellung war keine hohe. Aus niederem Stande entsprossen, erhielt sein ritterlicher Name seinen Glanz nicht durch ein angesehenes Staatsamt, nicht durch Macht oder Reichtum, nicht durch Tapferkeit des Arms. Sein Einfluß beruhte allein auf dem Wort und Klang seines Mundes und wurde gewiß nicht dadurch erhöht, daß er, der fahrende Sänger, die Schar der „Gernden" (Begehrenden, d. h. Lohn für ihren Sang Heischenden) an den Höfen vermehrte. Denn die Kunst ging eben auch damals nach Brot. So kommt es, daß das einzige Zeugnis außer denen, welche seine Kunstgenossen geben, sich in den Rechnungen des Bischofs Wolfger von Passau findet. In seiner Begleitung befand sich der Dichter, als sie von der Hochzeit des Herzogs Leopolds VII. von Österreich aus Wien zurückkehrten, wo Walther das Lied „Deutschland über Alles" (Nr. 30) gesungen hatte. Unterwegs in Zeiselmauer verzeichnete der Rechnungsführer des Bischofs unter den Reisekosten die Ausgabe für einen Pelzrock, den der Sänger von seinem Gönner, dem Freunde seines verstorbenen Fürsten Friedrich, zum Geschenk erhielt, mit den Worten: Walthero cantori de Vogelweide pro pellicio V solidos longos. Es war am 12. November 1203.

Von den zeitgenössischen Dichtern erwähnt unsern Sänger Wolfram von Eschenbach im Parzival und Willehalm, indem er Gedichte von ihm citiert, im Parzival mit Hinweis auf den starken Andrang werter und unwerter Menschen, den er an Hermanns von Thüringen Hofe gefunden. Große Anerkennung ließ ihm Gottfried von Straßburg in seinem Tristan zu teil werden, da er schrieb:

> Wer leitet nun[1]) die liebe Schar,
> Wer weiset dies Gesinde?
> Mich dünkt, daß ich sie finde,
> Die nun das Banner führen soll:
> Ihre Meisterin, die kann es wohl,
> Die von der Vogelweide!
> Hei wie die über die Heide
> Mit hoher Stimme klingen kann
> Und wunderhoch sich schwingen kann!
> Wie fein sie organieret,
> Ihr Singen wandelieret!
> Sie thut es, mein ich, in dem Ton,
> Der schallt vom Berg Kithäron,
> Wo die Göttin Minne

---

1) Nach Reinmars Tode s. o. S. 4.

> Gebeut von hoher Zinne. —
> Die ist am Hofe Kämmerin,
> Der Schar sei sie nun Leiterin.
> Die kann den Weg ihr weisen wohl,
> Die weiß wohl, wo sie suchen soll
> Der Minne Melodien.

Walthers Schüler Ulrich von Singenberg, Truchseß von St. Gallen, klagt, daß man „seinen Meister bei so reicher Kunst an Habe arm lasse" und singt auf seinen Tod:

> Nun ist auch unsres Sanges Meister auf der Fahrt,
> Den von der Vogelweide einst man nannte,
> Die ja von uns auch keinem bleibt erspart.
> Was hilft ihm nun, daß er die Welt erkannte
> Mit hohem Geist? Der ist nun hin!
> Drum wünschet ihm um seinen edlen Sang und Sinn,
> Da seine irdische Freud' zerronnen,
> Daß ihm der liebe Vater gebe ewge Wonnen.

Bis in die spätesten Zeiten des Meistergesangs bleibt sein Name bekannt, Dank der Mahnung Hugos von Trimberg:

> Herr Walther von der Vogelweid,
> Wer des vergäße, thät' mir leid.

Wo des Dichters Wiege gestanden hat, ist nicht auszumachen. Es giebt viele Vogelweidhöfe. Am meisten verbreitet ist die Annahme, daß er im Laiener Ried am Eisakthale wenige Stunden von Bozen, der Hauptstadt Süd-Tirols, geboren sei. Deshalb hat man ihm am 15. September 1889 in dieser Stadt, als der südlichsten Warte deutschen Wesens, ein Denkmal gesetzt. Er selbst erwähnt nur, daß er in Österreich singen und sagen lernte. Seine Jugendbildung aber kann er nach seinen Gedichten[1] nirgend anders als am Wiener Hofe genossen haben unter dem Schutze des Herzogs Friedrich, des Nachfolgers jenes Leopold VI. (1177—94), der Reinmar an seinen Hof gezogen hatte. Über Leopolds Tod siehe S. 4 und Minn. Frühl. Nr. 16. Leider starb Friedrich schon 1198 im Morgenlande, und sein Bruder und Nachfolger Leopold VII., ein „Mann von hervorragenden persönlichen Eigenschaften", war dem Dichter nicht wohlgesinnt. So wurde er zum Fahrenden, zog von Fürstenhof zu Fürstenhof,

---

[1] Aus diesen ist das Nähere über sein Leben zu ergänzen.

kehrte auch noch öfter nach Wien zurück, wohin ihn die Erinnerungen seiner Jugend zogen, und diente drei Kaisern, bis ihm Friedrich II., der seinen Einfluß wohl zu schätzen wußte, eine Einnahme verschaffte, die ihn der dringendsten Sorgen überhob, indem er ihm 1220 ein Lehen gab. Es war ein kleiner Hof in Würzburg, und hier soll er auch um 1230 begraben worden sein. Dies bezeugt eine Handschrift des 14. Jahrhunderts de milite Walthero dicto von der Vogelweide sepulto in ambitu novimonasterii herbipolensis. Also war Walther begraben im Kreuzgang der Neumünsterkirche zu Würzburg. Nach derselben Handschrift sollen auf seinem Grabsteine folgende Verse gestanden haben:

> Pascua qui volucrum virus, Walthere, fuisti,
> Qui flos eloquii, qui Palladis os, obiisti.
> Ergo quod aureolam probitas tua poscit habere,
> Qui legit, hic dicat: Deus istius miserere!

Der du, o Walther, im Leben der Vögel Weide gewesen,
Bist nun, Blume der Kunst, der Pallas Mund, uns gestorben!
Weil denn also dein Wert die goldene Krone dir fordert,
Spreche, wer immer dies liest: O Gott, erbarme dich seiner!

Aus zeitgenössischen Chroniken.

Zum besseren Verständnis der **politischen Sprüche** Walthers mag hier einiges folgen, was Geschichtsschreiber jener Zeit über die Regierung der drei deutschen Kaiser Philipp, Otto und Friedrich und den Papst Innocenz III. gesagt haben. Aus der Verbindung dieser Quellen mit den Angaben des Dichters wird man sich ein Bild von den Kämpfen jener Zeit und von Walthers Stellung in denselben machen können. Zugleich wird man erkennen, wie wertvoll Walthers Gedichte für den Geschichtsforscher sein müssen; derselbe kann sie bei der Darstellung der Geschichte jener Zeit nicht entbehren. Ein Blick z. B. in Ed. Winkelmanns „Philipp von Schwaben und Otto IV. von Braunschweig" (Leipzig bei Duncker u. Humblot) beweist dies. Wir wählen zunächst das Chronicon Urspergense (Mon. Germaniæ Script. Bd. XXIII.), dessen erster Teil von dem Abt

Burchard geschrieben ist. Er war 1211 in Rom bei Innocenz III., wurde 1215 Abt von Ursperg und starb 1226, war also ein Zeitgenosse Walthers; seine Aufzeichnungen sind daher von hohem Werte.

Heinrich VI. war 1197 in Sicilien gestorben. Sein Bruder Philipp von Schwaben war auf dem Wege dahin, als er seinen Tod erfuhr. Et ipse dux in magno discrimine ab Italia recessit et laboriose pervenit in Alamanniam, ubi iam principes iuramenta sua postponentes de electione novi imperatoris tractare coeperunt, cupientes diripere hereditates, quae ad praefatam generationem pertinebant. Sed Deus conterens omnem impietatem et perfidiam ipsorum haec fieri non permisit, inspirans cordibus hominum, ut suos nativos dominos non derelinquant et alienis adhaereant (siehe Walther Nr. 13).

. . . Philippus volebat tenere imperium, cum in potestate sua haberet insignia imperialia, utpote coronam et crucem et alia quae attinebant, non enim cautum esset sibi, ut ad alium transiret imperium et sic tam ipse quam fratuelis suus, licet tunc parvulus, omni hereditate sua privarentur, quod etiam non placuit Altissimo . . .

Innocentius siquidem papa III., tunc de novo in sede apostolica sublimatus, omni studio coepit adversari eidem (siehe Walther Nr. 14), hoc agens, ut ipsum impediret, ne ad sublimitatem culminis imperialis posset ascendere, improperans ei, quae frater suus et parentes crudeliter peregerant, quae tamen multa nequitia hominum impulsi creduntur peregisse. In quo, salva reverentia sedis apostolicae, non videtur secundum aequitatem judicasse, cum Dominus testetur per prophetam, quod nec peccata parentum filiis imputentur, quanto minus peccata fratrum aut aliorum propinquorum . . .

Ortae siquidem sunt in hominibus simultates, doli, perfidiae, traditiones, ut se invicem tradant in mortem et interitum; rapinae, depraedationes, depopulationes, terrarum vastationes, incendia, seditiones et bella et rapinae sive in stratis sive in latrociniis iustificatae sunt, ut omnis homo iam sit periurus et praedictis facinoribus implicatus, ut vix excusari possit, quin sit in his sicut populus sic et sacerdos. Tribulatio magna prohibuit et hoc, ut nec quis de villa sua posset procedere secure saltem in proximam villam (siehe die Zeugnisse dafür in Walthers Sprüchen Nr. 14 ff.) . . . .

Iam tunc Colonienses et Argentinenses cum episcopis suis et alii quidam iniqui cogitaverunt et machinati sunt nequitiam miseruntque nuncios suos . . in Angliam, ut inde advocarent et adducerent **Ottonem**, pro eo quod superbus et stultus, sed fortis videbatur viribus et statura procerus (W. Nr. 22), praesumentes nihilominus auxilio praefati Richardi regis Angliae, quia fuit avunculus eiusdem. Hunc igitur apud Coloniam elegerunt in regem.

Facta est haec abusio, ut fieret quasi portentum multarum abusionum, quae subsecutae sunt in terris. Vix enim remansit aliquis episcopatus sive dignitas ecclesiastica vel etiam parochialis ecclesia, quae non fieret litigiosa et Romam deduceretur ipsa causa, sed non manu vacua. Gaude, mater nostra Roma, quoniam aperiuntur kataractae thesaurorum in terra, ut ad te confluant rivi et aggeres nummorum in magna copia. Laetare super iniquitate filiorum hominum, quoniam in recompensationem tantorum malorum datur tibi precium. Jocundare super adiutrice tua discordia, quia erupit de puteo infernalis abyssi, ut accumulentur tibi multa pecuniarum praemia. Habes quod semper sitisti, decanta canticum, quia per malitiam hominum, non per tuam religionem orbem vicisti. Ad te trahit homines non ipsorum devotio aut pura conscientia, sed scelerum multiplicium perpetratio et litium decisio precio comparata (siehe Walther Nr. 28).

Nach seiner Ermordung heißt es: Erat autem Philippus animo lenis, mente mitis, eloquio affabilis, erga homines benignus, largus satis et discretus, debilis quidem corpore, sed satis virilis in quantum confidere poterat de viribus suorum, facie venusta et decora, capillo flavo, statura mediocri, magis tenui quam grossa. Hic cum non haberet pecunias, quibus salaria sive solda praeberet militibus, primus coepit distrahere praedia, quae pater suus Fridericus imperator late acquisierat in Alamannia, ita ut cuilibet baroni sivi ministeriali villas seu praedia rusticana vel ecclesias sibi contiguas obligaret. Sicque factum est, ut nihil sibi remaneret praeter inane nomen dominii terrae et civitates seu villas, in quibus fora habentur, et pauca castella terrae.

Zum Jahre 1208 heißt es bei Ottos Ankunft in Schwaben: Coepit autem praedonibus et facinorosis terrorem incutere et iudicia super eos exercere, potius indignans super eos per superbiam, quam amans iustitiam, unde etiam contra morem gentis comites seu barones vel principes ad se venientes rebus et verbis inhonestavit. Feuda quoque, quae Philippus habuerat ab ecclesiasticis principibus, etiam contra voluntatem illorum obtinere voluit et tam ipsos quam ecclesias opprimere coepit, simulans zelum iustitiae, cum potius ageret superbe; unde a pauperibus et monachis et clericis tamquam defensor collaudabatur iustitiae, sed Deus aliud respexit in corde. —

In den Gesta Episcoporum Halberstadensium (Mon. Germ. Script. XXIII S. 113) findet sich von Philipps Weihnachtsfeier in Magdeburg folgender Bericht, der in engster Beziehung zu Walthers Spruch Nr. 18 steht: Rex autem festum nativitatis Domini (1199) Magdeburch cum ingenti magnificentia celebravit, ipseque die sancto regalibus indumentis, imperiali dyademate insignitus, sollempniter incedebat. Sed et coniux sua Erina augusta regio cultu excellentissime simul ornata, venerabili domna . . . aliarumque illustrium feminarum stipante caterva, regem fuit tam decentissime quam venustissime prosecuta. Episcopi quoque qui aderant, pontificalibus indumentis ornati, regem et reginam ex utroque latere tam reverenter quam honorabiliter conduxerunt. Bernardus autem dux Saxoniae, qui et ensem regium praeferebat, ceterique principes assistentes, viri quoque nobiles, comites et barones, omnisque generis plebs, collecta in obsequio regis et tantae sollempnitatis officio, sedulitate ferventes erant; omnesque qui aderant, quorum inconprehensibilis extitit numerus, corde gaudentes, animis exultantes, manibus applaudentes, vocibus perstrepentes, opere vigilantes huic solempnitati uniformiter arriserunt, ipsam per omnia debitae devotionis tripudio peragentes.

Lied, Spruch, Leich.

Ursprünglich bestehen die lyrischen Gedichte nur aus einer Strophe. Das mhd. Wort liet bedeutet Strophe. Später wurden mehrere Strophen (Plur. diu liet) zu einem Liede vereinigt. Die Strophen der Lieder sind in der entwickelten Kunst meist dreiteilig, d. h. sie bestehen aus den beiden gleichen Teilen des Aufgesangs, Stollen genannt, welchem der von diesem verschiedene Abgesang folgt. Man vergleiche Goethe's „Über allen Gipfeln".

Das Lied soll unmittelbarer Ausdruck der Empfindung sein. Man stelle aus den dargebotenen Liedern dar, welcher Art und welches Inhalts die Empfindungen der mhd. Sänger waren und wodurch sie hervorgerufen wurden.

Die Sprüche dagegen, welche nur aus einer, meist zweiteiligen Strophe bestehen, sind aus der Reflexion geboren. Man fasse den Inhalt der ausgewählten Sprüche unter allgemeinen Gesichtspunkten zusammen.

Eine dritte Art lyrischer Gedichte, meist religiösen Inhalts, bilden die Leiche (goth. laiks, Tanz), von denen wir kein Beispiel mitgeteilt haben, obwohl auch Walther einen Leich gedichtet hat. Ihre Strophen wie Verse haben verschiedenen Bau und Umfang. Man vergleiche etwa Schillers „Glocke" und „Handschuh".

In den älteren Gedichten sind Versbau und Reim freier, was auch in unserer Übertragung hervortritt, später werden sie strenger. Die wiederkehrende Melodie, Weise genannt, verlangte in den Liedern genaue Übereinstimmung in den Strophen (ihre metrische Form nannte man Ton), und auch in den Versen, so daß bei Walther meist Hebung und Senkung regelmäßig wechseln, der Rhythmus ausgesprochen trochaeisch (dactylisch) oder iambisch ist, während in der älteren Zeit durch den Auftakt und die Senkungen, welche gesetzt werden oder fehlen konnten, eine freiere Bewegung wie in der epischen Dichtung beliebt war.

Lieder und Leiche waren bestimmt, gesungen zu werden; der Gesang wurde mit der Fiedel begleitet.

Wer sich mit den Originalen näher bekannt machen will, lese zuvor unsre Nibelungen im Urtext (Denkmäler I, 3), wo auch ein Abriß der mittelhochdeutschen Laut-, Flexions- und Verslehre (S. 157 ff.) gegeben ist.

Aus des Minnesangs Frühling.

I. Mein.

Dû bist mîn, ich bin dîn:
des solt dû gewis sîn.
dû bist beslozzen
in mînem herzen.
5 verlorn is daz slüzzelîn,
dû muost immer drinne sîn.

II. Frühlingsgedanke.

Ich hân geséhen, daz mír in herzen sanfte tuot:
des grüenen loubes bin ich worden wolgemuot.
diu heide wunniclîchen stât.
mirst liep, dazs alsô vil der schœnen bluomen hât.

III. Frühlingswonne.

Ich gesach den sumer nie,
daz er sô schône dûhte mich.
mit manigen bluomen wol getân
diu heide hât gezieret sich.
5 sanges ist der walt sô vol,
diu zît diu tuot den kleinen vogelen wol.

Aestas non apparuit	Ornantur prata floribus,
Praeteritis temporibus,	Aves nunc in silva canunt
Quae sic clara fuerit.	Et canendo dulce garriunt.

IV. Grufs.

Der al der werlt ein meister sî,
der gebe der lieben guoten tac,
von der ich wol getrœstet bin.
si hât mir al mîn ungemach
5 mit ir güete gar benomen,
unstæte hât si mir erwert:
ich bins an ir genâde komen.

1. Mein.

Du bist mein, ich bin dein:
Des sollst du gewiß sein.
Du bist beschlossen
In meinem Herzen.
5 Verloren ist das Schlüsselein,
Du sollst immer drinnen sein.

2. Frühlingsgedanke.

Ich hab' gesehen, was das Herze froh mir macht:
Hoch freuet mich des grünen Laubes Pracht.
Die Haide steht so wonnig da.
Wie freut mich, daß ich ihre schönen Blumen sah!

3. Frühlingswonne.

Noch keinen Sommer sah ich je,
Der so lieblich däuchte mich.
Mit wie viel schönen Blumen hat
Die Haide heut gezieret sich!
5 Der Wald ist eitel Sanges voll,
Die Zeit die thut den kleinen Vögeln wohl.

4. Gruß.

Der aller Welten Meister ist,
Der geb' der Lieben guten Tag,
Von der ich wohl getröstet bin.
Sie hat mir all mein Ungemach
5 Durch ihre Freundlichkeit genommen,
Hat mich vor Untreu wohl bewahrt:
In ihre Gunst bin ich gekommen.

V. Zum Reihen!

Springe wir den reigen
nu, vrouwe mîn,
vröun uns gegen dem meigen,
uns kumet sîn schîn.
5 der winder, der der heide
tet senede nôt,
der ist nu zergangen.
sist wunneclîch bevangen
von bluomen rôt.

Herr von Kürenberg.
VI. Der Falke.

Ich zôch mir einen valken
mêre danne ein jâr.
Dô ich in gezamete,
als ich in wolte hân,
5 Und ich im sîn gevidere
mit golde wol bewant,
Er huop sich ûf vil hôhe
und floug in andériu lant.

Sît sach ich den valken
10 schône fliegen.
Er fuorte an sînem fuoze
sîdîne riemen,
Und was im sîn gevidere
alrôt guldîn. —
15 Got sende si zesamene
die gerne geliebe wellen sîn!

Dietmar von Eist.
VII. Frühlingstrost.

Ahî, nu kumet uns diu zît,
der kleinen vogellîne sanc.
ez gruonet wol diu linde breit,
zergangen ist der winter lanc.

5. Zum Reihen!

Laßt springen den Reihen
Uns, Fraue mein,
Uns freuen des Maien,
Uns kommet sein Schein.
5 Der vordem der Haide
Bracht' schmerzliche Not,
Der Schnee ist zergangen,
Und sie ist umfangen
Von Blumen so rot.

Herr von Kürenberg.
6. Der Falke.

Ich zog mir einen Falken
  wohl über ein ganzes Jahr.
Schon hatt' ich ihn gezähmet
  nach meinem Willen gar:
5 Als ich nun sein Gefieder
  mit rotem Gold umwand,
Da flog er hoch und höher
  und zog fort in ein andres Land.

Jüngst sah ich stolzen Fluges
10   schweben ihn dahin,
Seidne Borten fesseln
  seinen Fuß und Sinn.
Sah sein stolz Gefieder
  ganz von rotem Gold. —
15 Sende Gott zusammen,
  die sich herzlich lieb und hold!

Dietmar von Eist.
7. Frühlingstrost.

Ei sieh! Nun kommt die schöne Zeit,
Der kleinen Vögel süßer Sang.
Es grünt die Linde weit und breit,
Zergangen ist der Winter lang.

5 nu siht man bluomen wol getân
üeben an der heide ir schîn.
des wirt vil manic herze frô,
des selben trœstet sich daz mîn.

VIII. Erinnerung.

Ûf der linden obene
dâ sanc ein kleinez vogellîn,
vor dem walde wart ez lût.
dô huop sich aber daz herze mîn
5 an eine stat, dâ'z ê dâ was.
ich sach die rôsebluomen stân.
die manent mich der gedanke vil,
die ich hin zeiner frouwen hân.

IX. Sehnsucht.

Ez stuont ein frouwe alleine
und warte uber heide,
und warte ir liebe.
sô gesach si valken fliegen.
5 'sô wol dir, valke, daz du bist!
du fliugest, swar dir liep ist.
du erkiusest in dem walde
einn boum, der dir gefalle.
alsô hân ouch ich getân.
10 ich erkôs mir selbe man,
den welten mîniu ougen.
daz nîdent schœne frouwen.
owê wan lânt si mir mîn liep?
jo engerte ich ir deheiner trûtes niet!'

Heinrich von Veldeke.

X. Wintersnot.

Sît diu sunne ir liehten schîn
gegen der kelte hât geneiget
und diu kleinen vogellîn
ires sanges sint gesweiget,
5 trûric ist daz herze mîn.

5 Nun zieren Blumen wunderhold
Die Heide grün mit lichtem Schein.
Des wird manch Herze wieder froh,
Getröstet soll auch meines sein.

8. Erinnerung.

Oben auf der Linde
Ein kleiner Vogel lieblich sang,
Vor dem Wald es hell erklang.
Da flog mein Herz geschwinde
5 An einen wohlbekannten Ort.
Viel Rosenblumen sah ich stehn.
Die mahnen die Gedanken mein,
Daß sie zu einer Jungfrau gehn.

9. Sehnsucht.

Es stand ein Weib alleine
Und blickte über die Haide,
Und harrte des Geliebten.
Da sah sie Falken fliegen.
5 „O Falke, wie du glücklich bist!
Du fliegst, wohin dir lieb ist.
Du erwählest dir im Walde
Einen Baum, der dir gefalle!
Also hab' auch ich gethan.
10 Ich erkor mir einen Mann,
Den wählten meine Augen.
Des neiden mich die Frauen.
O ließen sie den Freund mir noch!
Begehr' ich ihrer Trauten keines doch!"

Heinrich von Veldeke.

10. Wintersnot.

Seit die Sonne ihren Schein
Vor der Kälte mußte neigen
Und der kleinen Vögelein
Süße Sommerlieder schweigen,
5 Traurig ist das Herze mein.

wan ez wil nu winter sîn.
der uns sîne kraft erzeiget
an den bluomen, die man siht
liehter varwe
10 erbleichet garwe;
davon mir geschiht
leit und liebes niht.

XI. Hoffnung.

Swenn diu zît alsô gestât,
daz uns komt bluomen unde gras,
sô mac sîn alles werden rât.
dâ von mîn herze trûric was.
5 des vreweten sich diu vogelkîn,
wurde iemer sumer als ê.
lât die werlt mîn eigen sîn,
mir tæte iedoch der winter wê.

XII. Vogelsang.

In dem aberellen,
sô die bluomen springen,
sô louben die linden
und gruonen die buochen,
5 sô haben ir willen
die vogele singen.
wan si minne vinden,
aldâ si si suochen,
an ir genôz. wan ir blîtschaft ist grôz.
10 der mich nie verdrôz.
wan si swigen al den winter stille.

Dô si an dem rîse
die bluomen gesâgen
bî den blaten springen,
15 dô wâren si rîche
ir mancvalten wîse,
der si wîlent pflâgen.

Denn es muß nun Winter sein,
Der uns seine Kraft will zeigen
An den Blumen und dem Klee.
Ihre Kleider
10 Bleichten leider.
Davon ich viel Weh,
Nimmer Freude seh'.

11. Hoffnung.

Wenn erst kommt die süße Zeit,
Wo uns Gras und Blume sprießt,
Mag sich wenden alles Leid,
Des mein Herze traurig ist.
5 Das wär' der Vögel Wonn' und Lust,
Käm' hold wie einst die Sommerzeit.
Und ob die Welt mein eigen wär',
Mir thäte doch der Winter Leid.

12. Vogelsang.

So in den Aprillen
Die Blumen entspringen,
Sich lauben die Linden
Und grünen die Buchen,
5 So mögen nach Willen
Die Vögelein singen.
Denn Minne sie finden,
Allda sie sie suchen,
Bei ihrem Genoß. Ihr Frohsinn ist groß.
10 Des nie mich verdroß.
Denn sie schwiegen all den Winter stille.

Da sie an dem Reise
Die Blumen sahn prangen
Und Blätter entspringen,
15 Da hörte man schöne
Oft wechselnde Weise,
Wie vordem sie sangen.

    sie huoben ir singen
    lûte und vrœlîche,
20 nider und hô. mîn muot stât alsô,
    daz ich wil wesen frô.
    reht ist, daz ich mîn gelücke prîse.

Friedrich von Hausen.

XIII. Zwiespalt.

    Mîn herze und mîn lîp diu wellent scheiden,
    diu mit ein ander varnt nu mange zît.
    der lîp wil gerne vehten an die heiden,
    sô hât iedoch daz herze erwelt ein wîp
5 vor al der werlt. daz müet mich iemer sît,
    daz si ein ander niene volgent beide.
    mir habent diu ougen vil getân ze leide.
    got eine müeze scheiden noch den strît.

    Ich wânde ledic sîn von solher swære,
10 dô ich daz kriuze in gotes êre nam.
    ez wære ouch reht, deiz herze als ich dâ wære,
    wan daz sîn stætekeit im sîn verban.
    ich solte sîn ze rehte ein lebendic man,
    ob ez den tumben willen sîn verbære.
15 nu sihe ich wol, daz im ist gar unmære,
    wie ez mir an dem ende süle ergân.

    Sît ich dich, herze, niht wol mac erwenden,
    dune wellest mich vil trûreclîchen lân,
    sô bite ich got, daz er dich ruoche senden
20 an eine stat, dâ man dich wol empfâ.
    owê, wie sol ez armen dir ergân!
    wie torstest eine an solhe nôt ernenden?
    wer sol dir dîne sorge helfen enden
    mit solhen triuwen, als ich hân getân?

Sie hoben ihr Singen
Mit lautem Getöne,
20 Niedrig und hoch. Mein Sinn steht also:
Bin heiter und froh.
Recht ist's, daß ich laut mein Glücke preise.

Friedrich von Hausen.
13. Zwiespalt.

Es will mein Herze und mein Leib sich scheiden;
So lange waren innig sie gesellt!
Mein Leib will einzig kämpfen mit den Heiden,
Doch hat mein Herz ein andres sich erwählt
5 Vor aller Welt. Wie quält es mich so sehr,
Daß Herz und Leib sich nicht mehr folgen beide.
Viel thaten meine Augen mir zu leibe.
Entscheiden kann den Streit allein der Herr.

Von solchen Nöten glaubt' ich mich errettet,
10 Da ich das Kreuz annahm zur Ehr des Herrn,
Mein Herze enger nur mit mir verkettet:—
Doch bleibt beständig es in weiter Fern.
Welch reiches Leben sollte mir erstehn,
Ließ fahren nur mein Herz sein thöricht Streben.
15 Doch fragt es — merk' ich — nichts nach meinem Leben,
Und wie es mir am Ende soll ergehn.

Doch, da ich, Herz, es nimmermehr kann wenden,
Daß du mich traurig läßt und einsam hier,
So bitt' ich Gott, daß er dich wolle senden
20 Dahin, wo man sich freundlich neiget dir.
O weh! Wie wird sich enden noch dein Wahn!
Wie durftest du entfliehen meinen Händen?
Wer soll dir deinen Kummer helfen enden
So treulich, wie ich sonst es hab' gethan?

Hartmann von Aue.

XIV. Kreuzlied.

Dem kriuze zimt wol reiner muot
und kiusche site.
sô mac man sælde und allez guot
erwerben mite.
5 ouch ist ez niht ein kleiner haft
dem tumben man,
der sîne lîbe meisterschaft
niht halten kan.
ez wil niht, daz man sî
10 der werke drunder frî.
waz touc ez ûf der wât,
ders an dem herzen niene hât!

Nu zinsent, ritter, iuwer leben
und ouch den muot
15 durch in, der iu dâ hât gegeben
lîp unde guot.
swes schilt ie was zer werlte bereit
ûf hôhen prîs,
ob er den gote nu verseit,
20 der ist niht wîs.
wan swem daz ist beschert,
daz er dâ wol gevert,
daz giltet beidiu teil:
der werlte lop, der sêle heil.

25 Diu werlt mich lachet triegent an
und winket mir.
nu hân ich als ein tumber man
gevolget ir.
der hacken hân ich manegen tac
30 geloufen nâch;
dâ niemen stæte vinden mac,
dar was mir gâch.

Hartmann von Aue.

14. Kreuzlied.

Dem Kreuze ziemt ein keusch Gemüt
Und züchtig Wesen.
Dann mag man Heil und alles Gut
Daburch erlesen.
5 Auch ist's dem unerfahrnen Mann
Ein fester Halt,
Der seines Sinns Gelüsten nicht
Hat in Gewalt.
Es will nicht, daß man sei
10 Der Werke drunter frei.
Was taugt es dem, der's trägt
Am Kleid, des Herz nicht danach schlägt!

So gebt denn, Ritter, euer Leben
Mit Herz und Mut
15 Für ihn, der euch erst hat gegeben
Leben und Gut.
Wes Schild je war zum Kampf bereit
Um irdschen Preis,
Und weigert seinem Gott den Streit,
20 Der ist nicht weis'.
Denn wem das ist verliehn,
Als Sieger heimzuziehn,
Der findet beide Teil':
Der Menschen Lob, der Seele Heil.

25 Die Welt lacht mich betrüglich an
Und winket mir,
Und ich bin als einfält'ger Mann
Gefolget ihr.
Der Here ich wohl manchmal nach
30 Gelaufen bin;
Wo Niemand Ruhe finden mag,
Da strebt' ich hin.

nu hilf mir, herre Krist:
der mîn dâ vârend ist,
35 daz ich mich dem entsage
mit dînem zeichen, deich hie trage.

Reinmar der Alte.

XV. Glücksverkündigung.

Wol mich lieber mære,
daz ich hân vernomen,
daz der winter swære
welle ze ende komen.
5 kûme ich des erbeiten mac.
wan ich fröude niht enpflac,
sît der kalte rîfe lac.

Mich enhazzet niemen,
ob ich bin gemeit.
10 weiz got, tuot ez iemen,
deist unsælekeit.
wande ich schaden niht enkan.
swes ot si mir wole gan,
waz wil des ein ander man?

15 Solte ich mîne liebe
bergen unde heln,
sô müest ich ze diebe
werden unde steln.
sinneclîch ich daz bewar.
20 mîn gewerbe ist anderswar,
ich gê dannen oder dar.

Sô si mit dem balle
trîbet kindes spot:
dazs iht sêre valle!
25 daz verbiete got.
megde, lât iur dringen sîn!
stôzet ir mîn frouwelîn,
sôst der schade halber mîn.

Nun hilf mir, Herre Christ:
Der mir nachstellt mit List,
35 Daß ich mich dem entsage
Kraft deines Zeichens, das ich trage.

Reinmar der Alte.

15. Glücksverkündigung.

Froh bin ich der Märe,
Die ich hab' vernommen,
Daß des Winters Schwere
Will zu Ende kommen.
5 Kaum erwart' ich noch die Zeit.
Denn ich hatte nichts als Leid,
Seit die Welt rings war verschneit.

Hassen wird mich keiner,
Wenn ich fröhlich bin.
10 Weiß Gott! thät' es einer,
Wär's verkehrter Sinn.
Niemand ich ja schaden kann.
Wenn sie gutes mir thut an,
Was geht's einen andern an?

15 Sollt' ich meine Liebe
Bergen und verhehln,
Müßt' ich ja zum Diebe
Werden und gar stehln.
Nein, das kommt mir nicht zu Sinn,
20 Weil ich gar zu fröhlich bin,
Geh' ich hier, geh' dort ich hin.

Wenn sie mit dem Balle
Treibet Kinderspott:
Daß sie nur nicht falle!
25 Das verhüte Gott.
Mädchen, laßt eu'r Drängen sein!
Stoßet ihr mein Mägdelein,
Halb ist dann der Schade mein.

XVI. Auf Leopolds Tod.

Si jehent, der summer der sî hie,
diu wunne diu sî komen,
und daz ich mich wol gehabe als ê.
nu râtent unde sprechent, wie!
5 der tôt hât mir benomen,
daz ich niemer überwinde mê.
waz bedarf ich wunneclîcher zît,
sît aller vröiden herre Liutpolt in der erde lît,
den ich nie tac getrûren sach?
10 ez hât diu werlt an ime verlorn,
daz ir an manne nie
sô jæmerlîcher schade geschach.

Mir armen wîbe was ze wol,
dô ich gedâchte an in
15 und wie mîn heil an sîme lîbe lac.
daz ich des nu niht haben sol,
des gât mit sorgen hin,
swaz ich ie mê geleben mac.
mîner wunnen spiegel derst verlorn;
20 den ich mir hete ze sumerlîcher ougenweide erkorn,
des muoz ich leider ænic sîn.
dô man mir seite, er wære tôt,
zehant wiel mir daz bluot
von herzen ûf die sêle mîn.

25 Die fröude mir verboten hât
mîns lieben herren tôt,
alsô daz ich ir mêr enberen sol.
sît des nu niht mac werden rât,
in ringe mit der nôt,
30 daz mir mîn klagendez herze ist jâmers vol:
diu in iemer weinet, daz bin ich.
wan er vil sælic man jâ trôste er wol ze lebene mich.
der ist nu hin, waz töhte ich hie?
wis ime genædic, herre got:
35 wan tugenthafter gast
kam in dîn ingesinde nie.

16. Auf Leopolds Tod.

Da sei der Sommer, sagen sie,
Die Wonne sei gekommen;
Ich soll mich freuen wie vorher.
Doch ratet mir und sprechet, wie!
5 Der Tod hat mir genommen,
Was ich verschmerze nimmermehr.
Was nützt die Wonnezeit denn mir,
Da Liutpold in der Erde ruht, er, aller Freuden Zier,
Den keinen Tag ich trauern sah!
10 An ihm die Welt so viel verlor,
Daß ihr an einem Manne nie
So klagenswerter Schad' geschah.

Mir armen Weibe war zu wohl,
Da ich gedacht' an ihn
15 Und wie mein Heil an seinem Leben lag.
Nun ich ihn nicht mehr haben soll,
So geht mit Sorge hin
Die Zeit, so lang ich leben mag.
Mein'r Wonnen Spiegel ist verlorn;
20 Den ich zu sommerlicher Augenweide mir erkorn,
Des muß ich nun verlustig sein.
Als man mir sagt', er wäre tot,
Da wallte mir das Blut
Vom Herzen auf zur Seele mein.

25 All Freude mir verboten hat
Des lieben Herren Tod,
So daß ich sie fortan entbehren soll.
Da nun des nicht kann werden Rat,
Daß ich ring' mit der Not,
30 Davon mein klagend Herz ist Jammers voll:
So muß ich ihn beweinen ewiglich.
Denn er allein, der edle Mann, im Leben tröstet' mich.
Der ist nun hin, was soll ich hie?
Sei gnädig ihm, mein Herr und Gott;
35 Ein ehrenwerter Gast
Kam doch in deinen Himmel nie.

Sperrogel.

XVII. Weihnacht.

Er ist gewaltic unde starc,
der ze wîhen naht geborn wart:
daz ist der heilige Krist.
jâ lobt in allez, daz der ist,
5 niewan der tievel eine.
durh sînen grôzen übermuot
sô wart ime diu helle ze teile.

XVIII. Das himmlische Jerusalem.

In himelrîche ein hûs stât,
ein guldîn wec dar in gât.
die siule die sint marmelîn,
die zieret unser trehtîn
5 mit edelem gesteine.
dâ enkumpt nieman in,
ern sî vor allen sünden alsô reine.

XIX. Auferstehung.

An dem ôsterlîchen tage
dô stuont sich Krist ûz dem grabe.
künic aller keiser,
vater aller weisen
5 sîn hantgetât erlôste.
in die helle schein ein lieht:
dô kom er sînen kinden ze trôste.

XX. Der Allwissende.

Wurze des waldes
und erze des goldes
und alliu abgründe
diu sint dir, herre, künde.
5 diu stênt in dîner hende.
allez himeleschez her
dazu möht dich niht volloben an ein ende.

Sperbogel.
17. Weihnacht.

Gewaltig ist er und ist stark,
Der zur Weihnacht geboren ward:
Das ist der heilige Christ.
Es lobt ihn, was erschaffen ist.
5 Allein der Teufel nicht;
Dem ward für seinen Übermut
Zur Straf' zu teil der Hölle hart Gericht.

18. Das himmlische Jerusalem.

Im Himmelreich ein Haus steht,
Ein güldner Weg darein geht.
Die Säulen sind von Marmelstein,
Die zieret unser Herrgott fein
5 Mit edelem Gesteine.
Es kommet Niemand da hinein,
Als wer von allen Sünden also reine.

19. Auferstehung.

In des Ostermorgens Schein
Christ entstieg dem Grabe sein,
König aller Kaiser,
Vater aller Waisen.
5 Die Schöpfung er erlöste.
In die Hölle fiel ein Licht,
Da kam er, daß er seine Kinder tröste.

20. Der Allwissende.

Wurzeln des Waldes
Und Erze des Goldes
Und jeder tiefe Abgrund
Sind dir, Herr, alleine kund.
5 Alles steht in deinen Händen;
Und das ganze Himmelsheer
Könnte nie, o Herr, dein Lob vollenden.

XXI. Erlösung.

Ich hân gedienet lange
leider einem manne,
der in der helle umbe gât.
der brüevet mîne missetât,
5 sîn lôn der ist bœse.
hilf mir, heiliger geist,
deich mich von sîner vancnisse erlœse.

XXII. Unverzagter Mannesmut.

Ez zimt wol helden, daz si frô nâch leide sîn.
kein ungelücke wart sô grôz, dâ enwære bî
ein heil: des suln wir uns versehen.
uns mac wol frum nâch schaden geschehen.
5 wir haben verlorn ein veigez guot,
vil stolzen helde, enruochet.
dar umbe suln wir niht verzagen.
ez wirt noch baz versuochet.

XXIII. Weibes Tugend.

Treit ein reine wîp niht guoter kleider an,
sô kleidet doch ir tugent, als ich michs entstân,
daz si vil wol geblüemet gât,
alsam der liehte sunne hât
5 an einem tage sînen schîn
lûter unde reine.
swie vil ein valsche kleider treit,
doch sint ir êre kleine.

XXIV. Freundschaft.

Swer sînen guoten friunt vil wol behalten wil,
den sol er vor den liuten strâfen niht ze vil.
er neme besunder in hin dan
und sage im, waz er habe getân.
5 dâ enhœret ez der vremde niht.

21. Erlösung.

Ich hab' gedienet lange
Leider einem Manne,
Der in der Hölle Wohnung hat.
Der blickt auf meine Missethat,
5 Sein Lohn ist leider böse.
Drum hilf mir nun, o heilger Geist,
Daß ich von seinen Banden schnell mich löse.

22. Unverzagter Mannesmut.

Es ziemt dem Helden, daß er froh nach Leiden sei.
Kein Unglück ward so groß, daß nicht dabei
Ein Heil möcht' sein; des sollst du dich versehen:
Uns kann nach Schaden Förderung wohl geschehen.
5 Was ihr verlort, war eitles Gut,
So denkt, und nicht verzaget,
Ihr tapfern Männer, hoch den Mut!
Noch einmal sei's gewaget!

23. Weibes Tugend.

Ob auch ein reines Weib nicht reiche Kleidung trägt,
Doch kleidet ihre Tugend sie, wer's recht erwägt,
Daß sie so schön geblümet geht,
So wie die lichte Sonne steht
5 An einem Tag mit vollem Glanz,
Erstrahlend hell und reine. —
So viel die Falsche sich mit Kleidern schmückt:
Ihr' Ehre bleibt doch kleine.

24. Freundschaft.

Wer seinen guten Freund sich gern erhalten will,
Der sag' ihm vor den Leuten die Wahrheit nicht zu viel.
Er nehm' ihn im besondern bann
Und sage ihm, was er nicht recht gethan,
5 So daß kein fremdes Ohr es hört.

er zürne in dâ vil sêre,
und halte in vor den liuten wol.
des hât er immer êre.

XXV. Priamel.

Swer einen friunt wil suochen,
dâ er sîn niht enhât,
und vert ze walde spüren,
sô der snê zergât,
5 und koufet ungeschouwet vil,
und haltet gerne vlorniu spil,
und dienet einem bœsen man,
dâ ez âne lôn belîbet:
dem wirt wol afterriuwe kunt,
10 ob erz die lenge trîbet.

XXVI. Unthätiger Groll.

Zwên hunde striten umbe ein bein.
dô stuont der bœser unde grein.
waz half in al sîn grînen?
er muostez bein vermîden.
5 der ander der truogez
von dem tische hin ze der tür,
er stuont ze sîner angesiht und gnuogez.

Er schelt' ihn heimlich sehre
Und red' ihm vor den Leuten wohl.
Das bringt ihm immer Ehre.

25. Priamel.

Wer einen Freund will suchen,
Wo er niemand traut,
Und spürt des Wildes Fährte,
Wenn der Schnee schon taut,
5 Kauft ungesehn der Ware viel
Und hält noch aufgegebnes Spiel,
Und dient nur bei geringem Mann,
Wo ohne Lohn er bleibet:
Den wird es einmal noch gereun,
10 Wenn er's zu lange treibet.

26. Unthätiger Groll.

Zwei Hunde stritten um ein Bein.
Der Feige fletscht' die Zähn' allein.
Was half ihm sein Gebahren?
Das Bein das ließ er fahren.
5 Er sah den andern tragen
Es von dem Tische hin zur Thür,
Vor seinen Augen mußt' er's sehen nagen.

Aus Walther von der Vogelweide.

Minnelieder.

1. Maienlust.

Muget ir schouwen, waz dem meien
wunders ist beschert?
Seht an pfaffen, seht an leien,
wie daz allez vert.
5 Grôz ist sîn gewalt.
i'ne weiz, obe er zouber künne:
swar er vert in sîner wünne,
dân ist niemen alt.

Uns wil schiere wol gelingen.
10 wir suln sîn gemeit,
Tanzen, lachen unde singen
âne dörperheit.
Wê, wer wære unfrô!
sît die vogele alsô schône
15 schallent mit ir besten dône,
tuon wir ouch alsô!

Wol dir, meie, wie dû scheidest
allez âne haz!
Wie wol dû die boume kleidest
20 und die heide baz;
Diu hât varwe mê.
'dû bist kurzer, ich bin langer',
alsô strîtents ûf dem anger,
bluomen unde klê.

25 Rôter munt, wie dû dich swachest!
lâ dîn lachen sîn.
Scham dich, daz dû mich an lachest
nâch dem schaden mîn.
Ist daz wol getân?
30 owê sô verlorner stunde,
sol von minneclîchem munde
solch unminne ergân!

Minnelieder.

1. Maienlust.

Wollt ihr schauen, was dem Maien
Wunder ist verliehn?
Seht die Pfaffen, seht die Laien,
Wie sie all' hin ziehn!
5 Groß ist sein' Gewalt.
Wirkt er denn durch Zauberlist?
Wo in seiner Wonn' er ist,
Niemand ist da alt.

Kommt, es wird uns schon gelingen,
10 Laßt uns freu'n des Mai'n,
Tanzen, lachen uns und singen,
Aber höfisch, fein.
Weh dem, der unfroh!
Da die Vöglein also schöne
15 Singen ihre besten Töne,
Thun wir auch also!

Wohl dir, Mai, wie du nun schlichtest
Allen Haß und Streit!
Wie die Bäume du herrichtest
20 Und der Haide Kleid
Also farbenreich!
„Du bist klein, ich groß", so streiten
Auf dem Anger sich, dem weiten,
Blum' und Klee zugleich.

25 Roter Mund, was du nur machest!
Laß dein Lachen sein!
Schäm dich, daß du mich anlachest
Nur zum Schaden mein!
Glaubst du, daß dies frommt?
30 Wehe der verlornen Stunde,
Da von minniglichem Munde
Solche Schalkheit kommt!

      Daz mich, frouwe, an fröuden irret,
   daz ist iuwer lîp.
35 An iu einer ez mir wirret,
   ungenædic wîp.
   Wâ nemt ir den muot?
   ir sît doch genâden rîche:
   tuot ir mir ungnædeclîche,
40 sô sît ir niht guot.
      Scheidet, frouwe, mich von sorgen,
   liebet mir die zît:
   Oder ich muoz an fröuden borgen.
   daz ir sælic sît!
45 Muget ir umbe sehen?
   sich fröut al diu werlt gemeine:
   möhte mir von iu ein kleine
   fröudelîn geschehen!

II. Frühling und Frauen.

   Sô die bluomen ûz dem grase dringent,
same si lachen gein der spilnden sunnen,
in einem meien an dem morgen fruo,
Und diu kleinen vogellîn wol singent
5 in ir besten wîse, die si kunnen,
   waz wünne mac sich dâ genôzen zuo?
   Ez ist wol halb ein himelrîche.
   suln wir sprechen, waz sich deme gelîche,
   sô sage ich, waz mir dicke baz
10 in mînen ougen hât getân,   und tæte ouch noch, gesæhe
                                              ich daz.
   Swâ ein edeliu schœne frouwe reine,
wol gekleidet unde wol gebunden,
durch kurzewîle zuo vil liuten gât,
Hovelîchen hôhgemuot, niht eine,
15 umbe sehende ein wênic under stunden,
   alsam der sunne gein den sternen stât:
   Der meie bringe uns al sîn wunder,
   waz ist dâ sô wünneclîches under,
   als ir vil minneclîcher lîp?
20 wir lâzen alle bluomen stân   und kapfen an daz werde wîp.

  Was mir, Frau, die Freude mindert,
Und mir machet Leid?
35 Ihr allein mein Glück mir hindert
Durch Ungnädigkeit.
Woher dieser Sinn?
Ihr seid sonst doch reich an Gnaden.
Thut ihr so zu meinem Schaden,
40 Ist eu'r Ruhm dahin.

  Scheidet, Frau, mich doch von Sorgen,
Macht mir lieb die Zeit.
Sonst muß ich noch Glück mir borgen!
Wünsch' ich euch doch Freud!
45 Wollt nur um euch sehn:
Alt und Jung lacht im Vereine.
Möcht' mir auch von euch ein' kleine
Freundlichkeit geschehn!

2. Frühling und Frauen.

Wenn die Blumen aus dem Grase dringen
Und dem Spiel der Sonne sie entgegen
Fröhlich lachen in des Maitags Früh',
Wenn die kleinen Vögelein wohl singen
5 Ihre besten Weisen, die sie pflegen:
Dem kann andre Wonne gleichen nie.
Ist's doch fast ein Himmelreich.
Fragt ihr mich, was diesem gleich,
Sag' ich euch, was besser doch
10 Meinen Augen stets gethan,   und thät auch wieder
              heute noch.

Wenn ein' edle Frau, hold anzuschauen,
Zierlich angethan, das Haar bekränzet,
Tritt zur Kurzweil ein in frohen Kreis,
Stattlich, hochgemut, mit ihren Frauen,
15 Züchtig umschaut und durch Sitte glänzet,
Wie vor Sternen trägt die Sonn' den Preis:
Dünkt der Mai uns wonnereich,
Welche Wonne käme gleich
Solches Weibes Huldgestalt?
20 Unsre Augen sehn nur sie, vergessen sind die Blumen bald.

Nû wol dan, welt ir die wârheit schouwen,
gên wir zuo des meien hôhgezîte!
der ist mit aller sîner krefte komen.
Seht an in und seht an werde frouwen,
25 wederz dâ daz ander überstrîte;
daz bezzer spil, ob ich daz hân genomen.
Owê der mich dâ welen hieze,
deich daz eine durch daz ander lieze,
wie rehte schiere ich danne kür!
30 hêr Meie, ir müeset merze sîn, ê ich mîn' frouwen dâ
verlür.

III. Frühlings Wiederkehr.

Der rîfe tet den kleinen vogelen wê,
daz si niht ensungen.
Nû hôrt ichs aber wünneclîche als ê,
nû ist diu heide entsprungen.
5 Dâ sach ich bluomen strîten wider den klê,
weder ir lenger wære.
mîner frouwen seit ich disiu mære.

Uns hât der winter kalt und ander nôt
vil getân ze leide.
10 Ich wânde, daz ich iemer bluomen rôt
gesæhe an grüener heide.
Doch schæte ez guoten liuten, wære ich tôt,
die nâch frôuden rungen
und die gerne tanzten unde sprungen.

15 Versûmde ich disen wünneclîchen tac,
sô wær' ich verwâzen,
Und wære an frôide ein angeslîcher slac:
dennoch müese ich lâzen
Al mîne frôide, der ich wîlent pflac.
20 got gesegen iuch alle:
wünschet noch, daz mir ein heil gevalle.

Nun wohlan, wollt ihr die Wahrheit schauen,
Laßt uns mitgehn zu des Maien Feste!
Seine ganze Schönheit steht uns offen.
Schauet ihn und schaut die edlen Frauen:
25 Sagt, was dünket euch nun wohl das Beste?
Hab' ich nicht die rechte Wahl getroffen?
O, wer da mich wählen hieße,
Daß ich dies um jenes ließe,
Meine Wahl wär' schnell geschehn:
30 Du Herr Mai, würdst eh' zum März, eh' ich dich,
Herrin, ließe gehn.

3. Frühlings Wiederkehr.

Der Reif that wohl den kleinen Vögeln weh,
Daß sie nimmer sangen.
Nun aber hört' ich's wonniglich wie eh',
Nun die Knospen sprangen.
5 Da sah ich Blumen streiten mit dem Klee,
Wer wohl länger wäre.
Meiner Herrin sagt' ich diese Märe.

Uns hat der Winter kalt und andre Not
Viel gethan zu Leide.
10 Ich glaubte, daß ich nie mehr Blumen rot
Säh' auf grüner Haide.
Doch schadet's guten Leuten, wär' ich tot,
Die nach Freud' verlangen
Und sonst fröhlich tanzten gern und sprangen.

15 Versäumt' ich diesen wonniglichen Tag,
Müßt' ich selbst mich hassen!
Auch wär' es meiner Freud' ein harter Schlag:
Muß ich doch auch lassen
Die Freude, die mir sonst am Herzen lag.
20 Segne Gott euch alle:
Wünschet doch, daß heut mir Heil zufalle!

IV. Der Traum.

    Dô der sumer komen was
und die bluomen durch daz gras
wünneclîchen sprungen:
aldâ die vogele sungen,
5 dô kom ich gegangen
an einen anger langen,
dâ ein lûter brunne entspranc:
vor dem walde was sîn ganc,
dâ diu nahtegale sanc.

10 Bî dem brunnen stuont ein boum:
dâ gesach ich einen troum.
ich was von der sunnen
entwichen zuo dem brunnen,
daz diu linde mære
15 mir küelen schaten bære.
bî dem brunnen ich gesaz,
mîner sorgen ich vergaz,
schiere entslief ich umbe daz.

    Dô bedûhte mich zehant,
20 wie mir dienten elliu lant,
wie mîn sêle wære
ze himel âne swære,
und wie der lîp solte
gebâren swie er wolte.
25 dâne waz mir niht ze wê.
got gewaldes, swies ergê;
schœner troum enwart nie mê.

    Gerne sliefe ich iemer dâ,
wan ein unsæligiu krâ
30 diu begonde schrîen.
daz alle krân gedîen,
als ich in des günne!
si nam mir michel wünne.
von ir schrîenn' ich erschrac:
35 wan daz dâ niht steines lac,
sô wær' ez ir suonetac.

4. Der Traum.

Als der Sommer kommen wollt'
Und im Gras die Blumen hold
Wonniglich entsprangen:
Wo die Vögel sangen,
5 Kam ich einst gegangen,
Sah die Wiese prangen,
Wo ein lautrer Quell entsprang,
Der am Walde lief entlang,
Drin die Nachtigall hell sang.

10 An der Quelle stand ein Baum.
Allda hatt' ich süßen Traum.
Aus der Sonnenhelle
Kam ich zu der Quelle,
Unter breiten Linden
15 Schatten kühl zu finden.
An dem Born ich niedersaß,
Meines Leides bald vergaß,
Daß ich schnell entschlief im Gras.

Und im Traume däucht' mir gleich,
20 Wie mir diente jedes Reich,
Wie die Seel' ohn' Sorgen
Ewig wär' geborgen,
Und dem Leib gegeben,
Wie er wollt', zu leben.
25 Unaussprechlich war ich froh.
Wollte Gott, es wäre so.
Schönres träumt' ich nirgendwo.

Gerne schlief ich immer hier.
Da begann — unselges Tier! —
30 Eine Kräh' zu schreien.
Mag ihr das gedeihen,
Wie ich's wünsch' von Herzen!
Denn es kehrt' in Schmerzen
Sich mein Traum, und ich erschrak.
35 Wenn ein Stein zur Hand mir lag,
War's der Krähe letzter Tag!

Ein vil wunderaltez wîp
diu getrôste mir den lîp.
die begonde ich eiden:
40 nû hât sî mir bescheiden,
waz der troum bediute.
daz hœret, lieben liute:
zwêne und einer daz sind drî.
dannoch seites mir dâ bî,
45 daz mîn dûme ein vinger sî.

V. Sehnsucht nach dem Frühling.

Uns hât der winter geschadet über al.
heide unde walt sint beide nû val,
dâ manic stimme vil suoze inne hal.
sæhe ich die megde an der strâze den bal
5 werfen, sô kæme uns der vogele schal.

Möhte ich verslâfen des winters zît!
wache ich die wîle, sô hân ich sîn nît,
daz sîn gewalt ist sô breit und sô wît.
weizgot er lât ouch dem meien den strît,
10 sô lise ich bluomen, dâ rîfe nû lît.

VI. Ein trœstelîn.

In einem zwîvellîchen wân
was ich gesezzen und gedâhte,
Ich wolte von ir dienste gân;
wan daz ein trôst mich wider brâhte.
5 Trôst mac ez rehte niht geheizen, owê des!
ez ist vil kûme ein kleinez trœstelîn;
sô kleine, swenne ichz iu gesage, ir spottet mîn.
doch fröut sich lützel ieman, er enwizze wes.

Mich hât ein halm gemachet frô:
10 er giht, ich sül genâde vinden.
Ich maz daz selbe kleine strô,
als ich hie vor gesach von kinden.
Nû hœret unde merket, ob siz denne tuo.
'si tuot, si entuot, si tuot, si entuot, si tuot.'
15 swie dicke ichz tete, sô was ie daz ende guot.
daz trœstet mich: dâ hœret ouch geloube zuo.

Doch ein Weib so wunderalt
Hat getröstet mich gar bald,
Mußt' mir gleich beeiden,
40 Wahr mich zu bescheiden,
Was der Traum bedeute.
Hört's, ihr klugen Leute:
Zwei und eins das seien drei.
Weiter sagt sie mir dabei, —
45 Daß mein Daum ein Finger sei!

5. Sehnsucht nach dem Frühling.

Uns hat der Winter geschadet so sehr.
Haide und Wald sind so fahl nun und leer,
Stimmen der Vöglein erschallen nicht mehr.
Würfen erst Mädchen den Ball hin und her,
5 Wär' es des Frühlings, der Vögel Rückkehr.

Könnt' ich verschlafen die Winterzeit!
Wach' ich so lange, so bringt es mir Leid,
Daß seine Macht reicht so weit und so breit.
Endlich muß siegen der Frühling im Streit,
10 Dann pflück' ich Blumen, wo's früher geschneit.

6. Ein Tröstlein.

In Zweifeln und Gedanken schwer
Saß ich vertiefet ganz und dachte:
Nicht länger werb' ich um sie mehr!
Als mich ein Trost zum Leben brachte.
5 Doch darf ich's Trost wohl nennen kaum. O weh darum
Es ist ja kaum ein kleines Tröstelein,
So klein, daß, wenn ich's euch erzähl', ihr spottet mein.
Doch freut sich niemand recht, er wisse denn, warum.

Ein Halm hat Freude mir gebracht.
10 Er sagt: ich soll noch Heil erlangen,
Da ich es mit dem Halm gemacht,
Wie ich's die Kinder sah anfangen.
Nun merket auf und hört, ob sie's auch wirklich thu':
Sie thut's, thut's nicht, sie thut's, thut's nicht, sie thut's
15 So oft das Spiel ich trieb, zuletzt verhieß es gut's.
Das ist mein Trost. Doch freilich Glaub' gehört dazu.

VII. Winterklage.

Diu welt was gelf, rôt unde blâ,
grüen in dem walde und anderswâ:
die kleinen vogele sungen dâ.
nû schrîet aber diu nebelkrâ.
5 pfligt si iht ander varwe? jâ:
sist worden bleich und übergrâ.
des rimpfet sich vil manic brâ.

Ich saz ûf einem grüenen lô:
da ensprungen bluomen unde klê
10 zwischen mir und eime sê.
der ougenweide ist dâ niht mê.
dâ wir schapel brâchen ê,
dâ lît nû rîfe und ouch der snê.
daz tuot den vogellînen wê.

15 Die tôren sprechent snîâ snî,
die armen liute owê owî.
des bin ich swære alsam ein blî.
der wintersorge hân ich drî:
swaz der unt der andern sî,
20 der wurde ich alse schiere frî,
wær' uns der sumer nâhe bî.

Ê danne ich lange lebte alsô,
den krebz wolte ich ê ezzen rô.
sumer, mache uns aber frô:
25 dû zierest anger unde lô.
mit den bluomen spilte ich dô,
mîn herze swebte in sunnen hô:
daz jaget der winter in ein strô.

Ich bin verlegen als Êsaû:
30 mîn sleht hâr ist mir worden rû.
süezer sumer, wâ bist dû?
jâ sæhe ich gerner veltgebû.
ê deich lange in solher drû
beklemmet wære, als ich bin nû,
35 ich wurde ê münch ze Toberlû.

7. Winterklage.

Gelb, rot und blau die Welt lag da,
Grün standen Wälder fern und nah,
Und kleine Vögel sangen da. —
Nun aber schreit die Nebelkrah!
5 Schaut denn die Welt jetzt anders? Ja!
So bleich und grau ich alles sah,
Mir sehr zu Leide das geschah.

Auf grünem Hügel saß ich eh'.
Da sproßten Blumen, Gras und Klee
10 Wohl zwischen mir und einem See. —
Tot ist nun alles und — o weh!
Wo wir uns Kränze banden eh',
Da liegt nun kalter Reif und Schnee.
Das thut den kleinen Vögeln weh.

15 Du Thor lachst wohl des Schnees. Doch sich,
Der Arme freut sich seiner nie.
Drei Sorgen mir der Winter lieh,
Wie Blei das Herz mir drücken sie.
Wie jen' und die mich niederzieh',
20 Schnell wie der Wind ich ihr entflieh',
Ist erst der Sommer wieder hie.

Ja, eh' ich länger lebte so,
Äß' lieber ich die Krebse roh.
O Sommer komm und mach uns froh.
25 Feld, Hain und Anger zierst du, wo
Ich einst mit Blumen spielt' und o!
Mein ganzes Herz zur Sonne floh!
Der Winter jagt es nun ins Stroh!

Zum rauhen Esau macht die Ruh
30 Mich und mein schlichtes Haar dazu.
Du süßer Sommer, wo bist du?
Dem Pfluge schaut' ich gerne zu;
Eh' daß ich wie in einer Truh'
Gefangen läg', wie jetzt ich's thu',
35 Eh' würd' ich Mönch zu Toberlu.

VIII. Wahre Liebe.

Herzeliebez frouwelîn,
got gebe dir hiute und iemer guot.
Kunde ich baz gedenken dîn,
des hete ich willeclîchen muot.
5 Waz sol ich dir sagen mê,
wan daz dir nieman holder ist dan ich? dâ von ist mir
vil wê.

Sie verwîzent mir, daz ich
sô nidere wende mînen sanc.
Daz si niht versinnent sich,
10 waz liebe sî, des haben undanc!
Sie getraf diu liebe nie.
die nâch dem guote und nâch der schœne minnent, wê
wie minnent die?

Bî der schœne ist dicke haz:
zer schœne niemen sî ze gâch.
15 Liebe tuot dem herzen baz:
der liebe gêt diu schœne nâch.
Liebe machet schœne wîp:
desn mac diu schœne niht getuon, sin machet niemer
lieben lîp.

Ich vertrage als ich vertruoc
20 und als ichz iemer wil vertragen.
Dû bist schœne und hâst genuoc:
waz mugen si mir dâ von gesagen?
Swaz si sagen, ich bin dir holt,
und nim dîn glesîn vingerlîn für einer küneginne
golt.

25 Hâst dû triuwe und stætekeit,
sô bin ich dîn ân angest gar,
Daz mir iemer herzeleit
mit dînem willen widervar.
Hâst ab dû der zweier niht,
30 son müezest dû mîn niemer werden. owê danne, ob
daz geschiht!

8. Wahre Liebe.

Du herzliebes Mägdelein,
Gott segne heut dich und allzeit!
Könnt' mein Wunsch ein beßrer sein,
So wär ich gern dazu bereit.
5 Was soll ich dir sagen mehr,
Als daß dir Niemand holder ist denn ich? Davon mein
    Herz ist schwer.

Sie verweisen mir, daß ich
So niedrig richte meinen Sang.
Wer nicht kann besinnen sich,
10 Was Liebe ist, bleib' ohne Dank!
Ihn traf wohl die Liebe nie.
Die nach dem Gut und nach der Schönheit lieben, weh,
    wie lieben die?

Schönheit ist oft liebeleer;
Zur Schönheit Niemand sei zu jach.
15 Liebe freut das Herze mehr.
Der Liebe steht die Schönheit nach.
Liebe macht die Frauen schön,
Das kann die Schönheit nimmermehr, sie kann die Liebe
    nicht erhöhn.

Trag ich's denn, wie stets ich's trug,
20 Und wie ich's immer will ertragen!
Du bist schön und hast genug.
Was wollen sie mir davon sagen?
Immerhin, ich bin dir hold
Und nehm' dein gläsern Ringelein für einer Kön'gin Ring
    von Gold.

25 Hast du Treu und Redlichkeit,
So bin ich aller Sorgen bar,
Daß mir jemals Herzeleid
Mit deinem Willen widerfahr'.
Hast du diese aber nicht,
30 So sollst du nie die meine werden. O weh dann, das
    Herz mir bricht!

Für Kaiser und Reich.

IX. Leopolds Milde.

Mir ist verspart der sælden tor,
dâ stên ich als ein weise vor:
mich hilfet niht, swaz ich dar an geklopfe.
Wie möhte ein wunder grœzer sîn?
5 ez regent bêdenthalben mîn,
daz mir des alles niht enwirt ein tropfe.
Des fürsten milte ûz Ôsterrîche
fröut dem süezen regen gelîche
beidiu liute und ouch daz lant.
10 er ist ein schœne wol gezieret heide,
dar abe man bluomen brichet wunder.
und bræche mir ein blat dar under
sîn vil milte rîchiu hant,
sô möhte ich loben die süezen ougenweide.
15 hie bî sî er an mich gemant!

X. Vermächtnis.

Ich wil nû teilen, ê ich var,
mîn varnde guot und eigens vil,
Daz iemen dürfe strîten dar,
wan den ichz hie bescheiden wil.
5 Al mîn ungelücke wil ich schaffen jenen,
die sich hazzes unde nîdes gerne wenen,
dar zuo mîn unsælikeit.
mîne swære
haben die lügenære.
10 mîn unsinnen
schaff' ich den, die mit velsche minnen,
den froun nâch herzeliebe senendiu leit.

XI. Reisesegen.

Mit sælden müeze ich hiute ûf stên,
got hêrre, in dîner huote gên
und rîten, swar ich in dem lande kêre.

Für Kaiser und Reich.

9. Leopolds Milde.

    Mir ist versperrt des Glückes Thor,
Ich stehe wie verwaist davor.
Es hilft mir nichts, wie sehr ich mag dran klopfen.
Wo fänd' ein größres Wunder sich?
5 Es regnet rings umher um mich,
Und mir wird doch davon auch nicht ein Tropfen.
Des Fürsten Milb' aus Österreich
Die freut dem sanften Regen gleich
Die Leute all und auch das Land.
10 Er ist wie eine schöne bunte Haide,
Davon man brichet Blumen viel.
Und bräche mir nur einen Stiel
Dort seine milde, reiche Hand,
So lobt' ich diese süße Augenweide.
15 Hiermit sei er an mich gemahnt!

10. Vermächtnis.

    Nun will ich teilen, eh' ich scheide,
Mein Hab' und Gut, ist's auch nicht viel,
Daß Niemand sich deswegen streite,
Als denen ich's vermachen will.
5 Mein Unglück möcht' ich denen geben,
Die nur von Haß und Neide leben,
Dazu auch mein' Unseligkeit;
Mein' schweren Lasten
Den Lügnern, den verhaßten.
10 Mein sinnlos Werben
Solln, die mit Untreu' lieben, erben;
Die Frau'n: nach echter Lieb' sehnsüchtig Leid.

11. Reisesegen.

    Mit Segen laß mich heut aufstehn,
Herr Gott, in Deinem Schutze gehn
Und reiten, wo ich mich im Land hinkehre.

Krist hêrre, lâz mir werden schîn
5   die grôzen kraft der güete dîn,
    und pflic mîn wol durch dîner muoter êre.
    Als ir der heilig engel pflæge,
    unt dîn, dô du in der kripfen læge,
    junger mensch und alter got,
10 dêmüetic vor dem esel und vor dem rinde, —
    und doch mit sælderîcher huote
    pflac dîn Gabriêl der guote
    wol mit triuwen sunder spot, —
    als pflig ouch mîn, daz an mir iht erwinde
15 daz dîn vil götelîch gebot.

XII. Gut, Gnad' und Ehr'.

    Ich saz ûf einem steine
    und dahte bein mit beine,
    dar ûf satzt' ich den ellenbogen.
    ich hete in mîne hant gesmogen
5   daz kinne und ein mîn wange.
    dô dâhte ich mir vil ange,
    wie man zer werlte solte leben.
    deheinen rât kond' ich gegeben,
    wie man driu dinc erwurbe,
10 der keines niht verdurbe.
    diu zwei sint êre und varnde guot,
    daz dicke ein ander schaden tuot:
    daz dritte ist gotes hulde,
    der zweier übergulde.
15 die wolte ich gerne in einen schrîn.
    jâ leider des enmac niht sîn,
    daz guot und werltlich êre
    und gotes hulde mêre
    zesamen in ein herze komen.
20 stîg unde wege sint in benomen: -
    untriuwe ist in der sâze,
    gewalt vert ûf der strâze:
    frid unde reht sint sêre wunt.
    diu driu enhabent geleites niht,
25 diu zwei enwerden ê gesunt.

Herr Jesu Christ, laß mit mir sein
5 Die große Macht der Güte dein,
Und hüte mein um deiner Mutter Ehre.
Wie ihrer Gottes Engel pflegte,
Als sie dich in die Krippe legte,
Ein kleines Kind, doch ew'ger Gott,
10 Demütig vor dem Esel und dem Rinde, —
Da doch in seliglicher Hut
Dich Gabriel hielt fest und gut
Mit rechter Treue sonder Spott, —
So pfleg auch mein, daß fest in mir sich gründe
15 Dein ewig göttliches Gebot.

12. Gut, Gnad' und Ehr'.

Ich saß auf einem Stein
Und schlug Bein über Bein,
Den Ellenbogen setzt' ich auf
Und schmiegt' in meine Hand darauf
5 Das Kinn und eine Wange.
Da dacht' ich bei mir bange,
Wie man in dieser Welt sollt' leben.
Und keinen Rat konnt' ich mir geben,
Wie man drei Ding' erwerbe
10 Und keins dabei verderbe.
Der zwei sind irdisch Gut und Ehr',
Die oftmals sich vertragen schwer,
Und Gottes Huld das dritte,
Das Gold in ihrer Mitte.
15 Die hätt' ich gern in einem Schrein.
Doch leider, das kann nimmer sein,
Daß Gut und weltlich Ehre
Und Gottes Huld einkehre
Zusammen in ein Menschenherz.
20 Gehemmet sind sie allerwärts:
Untreue liegt im Hinterhalt,
Und auf der Straße fährt Gewalt.
Denn Recht und Fried' sind tödlich wund.
Die dreie finden kein Geleit,
25 Eh' diese zweie sind gesund.

XIII. Zur Königswahl.

Ich hôrte ein wazzer diezen
und sach die vische fliezen,
ich sach, swaz in der werlte was,
velt, walt, loup, rôr unde gras,
5 swaz kriuchet unde fliuget
und bein zer erde biuget,
daz sach ich, unde sage iu daz:
der keinez lebet âne haz.
daz wilt und daz gewürme
10 die strîtent starke stürme,
sam tuont die vogel under in;
wan daz sie habent einen sin:
si endûhten sich ze nihte,
sie schüefen starc gerihte.
15 sie kiesent künege unde reht,
sie setzent hêrren unde kneht.
sô wê dir, tiuschiu zunge,
wie stêt dîn ordenunge!
daz nû diu mügge ir künec hât,
20 und daz dîn êre alsô zergât.
bekêrâ dich, bekêre.
die cirkel sint ze hêre,
die armen künege dringent dich:
Philippe setze en weisen ûf, und heiz sie treten
       hinder sich.

XIV. Des Reiches Zwiespalt.

Ich sach mit mînen ougen
mann' unde wîbe tougen,
daz ich gehôrte und gesach,
swaz iemen tet, swaz iemen sprach.
5 ze Rôme hôrte ich liegen,
und zwêne künege triegen.
dâ von huop sich der meiste strît,
der ê was oder iemer sît,
dô sich begunden zweien
10 die pfaffen unde leien.

13. Zur Königswahl.

Konnt' oft der Wasser Rauschen,
Der Fische Spiel belauschen,
Beschaute alles in der Welt,
Wald, Laub und Rohr, und Gras und Feld,
5 Was kriechet und was flieget,
Das Bein zur Erde bieget,
Das sah ich, und ich sag' euch das:
Der keines lebet ohne Haß.
Das Wild und das Gewürme
10 Die streiten starke Stürme,
Wie auch die Vögel unter sich.
Doch darin sind sie einiglich:
Sie glaubten sich verloren,
Wär' nicht ein Herr erkoren.
15 Sie wählen Könige und Recht,
Sie setzen Herren ein und Knecht.
O weh dir, deutsches Land,
Wie ist's um dich bewandt,
Daß einen Herrn die Mücke hat,
20 Doch deine Ehr' ist todesmatt!
Bekehre dich, bekehr, bekehr!
Die Fürsten dünken sich zu hehr,
Die armen Kön'ge drängen dich.
So setz' Philipp den Waisen auf: dann sollen sie
    bescheiden sich!

14. Des Reiches Zwiespalt.

Geheim konnt' ich durchschauen
Die Männer und die Frauen,
Daß ich es hörte wohl und sah,
Was jeder that und dachte da.
5 Ich hört' in Rom belügen
Zwei Kön'ge und betrügen.
Davon entstand der größte Zwist,
Der je war oder jemals ist:
Anfingen zu entzweien
10 Die Pfaffen sich und Laien.

daz was ein nôt vor aller nôt!
lîp unde sêle lac dâ tôt.
die pfaffen striten sêre:
doch wart der leien mêre.
15 diu swert diu leiten si dernider,
und griffen zuo der stôle wider:
sie bienen die si wolten,
und niuwet den sie solten.
dô stôrte man diu goteshûs.
20 ich hôrte verre in einer klûs
vil michel ungebære:
dâ weinte ein klôsenære,
er klagete gote sîniu leit;
owê der bâbest ist ze junc:
25 hilf, hêrre, dîner kristenheit!

XV. Philipp gekrönt.

Diu krône ist elter, dan der künec Philippes sî:
dâ mugent ir alle schouwen wol ein wunder bî,
wies ime der smit sô ebene habe gemachet.
Sîn keiserlîchez houbet zimt ir alsô wol,
5 daz si ze rehte nieman guoter scheiden sol:
ir dewederz dâ daz ander niht enswachet.
Si liuhtent beide ein ander an,
daz edel gesteine wider den jungen süezen man:
die ougenweide sehent die fürsten gerne.
10 swer nû des rîches irre gê,
der schouwe, wem der weise ob sîme nacke stê:
der stein ist aller fürsten leitesterne.

XVI. Mahnung an die Geistlichen.

Dô gotes sun hien erde gie,
do versuohten in die juden ie.
sam tâtens eines tages mit dirre frâge.
Sie frâgeten, obe ir frîez leben
5 dem rîche iht zinses solte geben.

Welch eine Not vor aller Not!
Es lagen Leib und Seele tot.
Die Pfaffen stritten sehr,
Doch war der Laien mehr.
15 Da legten sie die Schwerter nieder
Und griffen zu der Stola wieder.
Sie bannten, die sie wollten,
Und nimmer, den sie sollten.
Die Gotteshäuser sind verstört.
20 In einer fernen Klaus' ich hört'
Ein lautes Weheklagen.
Den Klausner hört' ich sagen
Und klagen seinem Gott sein Leid:
O weh, der Papst ist allzu jung,
25 Hilf, Herr Gott, deiner Christenheit!

15. Philipp gekrönt.

Die Kron' ist älter doch als König Philipp ist!
So ist es gar ein Wunder, wenn man's recht ermißt,
Wie sie so passend hat der Schmied gemacht.
Sein kaiserliches Haupt das ziemt ihr also wohl,
5 Daß sie ein Guter nimmer rechtlich scheiden soll.
Das eine mehrt des andern Ehr' und Pracht.
Sie lachen beid' einander an,
Die Edelsteine und der junge süße Mann.
Die Augenweide sehn die Fürsten gern.
10 Wer noch den König suchen geht,
Der schau' nur, wem der Waise auf dem Haupte steht:
Der Stein ist aller Fürsten Leitestern.

16. Mahnung an die Geistlichen.

Als Gottes Sohn auf Erden war,
Versuchte ihn der Juden Schar.
Sie fragten, daß man ihn berücke:
Ob sie als Freie sollten leben
5 Und doch dem Kaiser Steuer geben.

dô brach er in die huote und al ir lâge.
Er iesch ein münizîsen,
er sprach: 'wes bilde ist hie ergraben?'
"des keisers," sprâchen dô die merkære.
10 dô riet er den unwîsen,
daz si den keiser liezen haben
sîn küneges reht, und got, swaz gotes wære.

XVII. Mahnung an Philipp.

Philippe, künec hêre,
si gebent dir alle heiles wort
und wolden liep nâch leide.
Nû hâst dû guot und êre,
5 daz ist wol zweier künege hort:
diu gip der Milte beide.
Der Milte lôn ist sô diu sât,
diu wünneclîche wider gât,
dar nâch man si geworfen hât:
10 wirf von dir milteclîche.
swelch künec der Milte geben kan,
si gît im, daz er nie gewan.
wie Alexander sich versan!
der gap und gap, und gap sim elliu rîche.

XVIII. Philipp in Magdeburg.

Ez gienc eins tages, als unser hêrre wart geborn
von einer maget, dier im ze muoter hât erkorn,
ze Megdeburc der künec Philippes schône.
dâ gienc eins keisers bruoder und eins keisers kint
5 in einer wât, swie doch die namen drîge sint:
er truoc des rîches zepter und die krône.
er trat vil lîse, im was niht gâch:
im sleich ein hôhgeborniu küneginne nâch,
rôs âne dorn, ein tûbe sunder gallen.
10 diu zuht was niener anderswâ:
die Düring' und die Sahsen dienten alsô dâ,
daz ez den wîsen muoste wol gevallen.

Doch schnell durchbrach er ihre List und Tücke,
Ließ sich die Münze weisen
Und sprach: 'Wes Bild ist hier zu sehen?'
„Des Kaisers Bild", sprach da der Juden Rotte.
10 Da riet er den Unweisen,
Daß sie dem Kaiser ließen stehen
Sein Kaiserrecht und Gottes Recht auch Gotte.

17. Mahnung an Philipp.

O Philipp, König stolz und hehr,
Es wünschet Heil dir aller Wort.
Sie möchten Freud' nach Leide.
Nun hast du reichlich Gut und Ehr',
5 Wohl für zwei Kön'ge einen Hort:
Die weih der „Milde" beide.
Des Spenders Lohn ist wie die Saat:
Die bringt mit Wonne reiche Mahd,
Nach dem man ausgeworfen hat.
10 Der „Milde" selber gleiche!
Welch Fürst der „Milde" geben kann,
Dem giebt sie, was er nie gewann.
Wie Alexander klug gethan!
Der gab und gab; sie gab ihm alle Reiche.

18. Philipp in Magdeburg.

Zu Magdeburg am Tag, da Christus ward geboren
Von einer Magd, die er zur Mutter sich erkoren,
Schritt König Philipp, stattlich anzusehen,
Daher. Des Kaisers Bruder und des Kaisers Kind
5 In einem Kleid, ob doch der Namen dreie sind,
Sah man mit Reiches Kron' und Scepter gehen.
Er hatt' nicht Eil', er schritt gemach;
Die hochgeborne Königin sanft folgte nach,
Ros' ohne Dornen, Taube sonder Gallen.
10 So feine Zucht war nirgendwo:
Der Thüring und der Sachse dienten da also,
Daß jedem klugen Mann es mußt' gefallen.

XIX. Des Papstes Gebot.

Hêr bâbest, ich mac wol genesen:
wan ich wil iu gehôrsam wesen.
wir hôrten iuch der kristenheit gebieten,
wes wir dem keiser solten pflegen.
5 dô ir im gâbent gotes segen,
daz wir in hiezen hêrre und vor im knieten,
ouch sult ir niht vergezzen,
ir sprâchent: 'swer dich segene, sî
gesegent: swer dir fluoche, sî verfluochet
10 mit fluoche volmezzen.'
durch got bedenkent iuch dâ bî,
ob ir der pfaffen êre iht geruochet.

XX. Doppelzüngigkeit.

Got gît ze künege, swen er wil:
dar umbe wundert mich niht vil.
uns leien wundert umbe der pfaffen lêre.
si lêrten uns bî kurzen tagen:
5 daz wellents uns nû widersagen.
nû tuonz durch got und durch ir selber êre,
und sagen uns bî ir triuwen,
an welher rede wir sîn betrogen,
volrecken uns die einen wol von grunde,
10 die alten ode die niuwen.
uns dunket, einez sî gelogen.
zwô zungen stânt unebne in einem munde.

XXI. Otto, von Gottes Gnaden Kaiser.

Hêr keiser, ich bin frônebote
und bringe iu boteschaft von gote.
ir habt die erde, er hât daz himelrîche.
er hiez iu klagen (ir sît sîn voget),
5 in sînes sunes lande broget
diu heidenschaft iu beiden lasterlîche.
ir muget im gerne rihten:
sîn sun der ist geheizen Krist,

19. Des Papstes Gebot.

Herr Papst, ich werd' doch wohl gedeihn,
Denn ich will euch gehorsam sein.
Wir hörten euch der Christenheit gebieten:
Dem Kaiser dient, auf den wir heute legen
5 Kraft unsres Amts den reichen Gottessegen,
Daß wir ihn hießen Herr und vor ihm knieten!
Auch sollt ihr nicht vergessen,
Ihr sprachet: „Wer dich segne, sei
Gesegnet, wer dir fluche, sei verflucht,
10 Mit Fluche vollgemessen."
Um Gottes willen, überlegt dabei,
Ob ihr der Pfaffen Ehre damit suchet!

20. Doppelzüngigkeit.

Gott giebt zum König, wen er will;
Das wundert uns fürwahr nicht viel.
Uns Laien wundert nur der Pfaffen Lehre.
Was sie vor kurzem uns gelehrt,
5 Das, wollen sie nun, sei verkehrt.
Nun mögen sie um Gott und ihre eigne Ehre
Uns sagen jetzt auf Treue:
Durch welche Rede sind wir denn betrogen,
Erzählt es endlich uns mit Grunde,
10 Die alte oder neue?
Es scheint uns, eine sei gelogen,
Zwei Zungen passen nicht in einem Munde.

21. Otto, von Gottes Gnaden Kaiser.

Herr Kaiser, ich als Herrenbot'
Bring' eine Botschaft euch von Gott:
Er hat das Himmelreich und ihr die Erde.
Er hieß euch klagen, seinem Vogt,
5 Wie in des Heilands Lande wogt
Die Heidenschaft und trotzig sich gebärde.
Dort tretet freudig für ihn ein,
Den wir bekennen, Jesum Christ.

er hiez iu sagen, wie erz verschulden welle:
10 nû lât in zuo iu pflihten.
er rihte iu, dâ er voget ist,
klagt ir joch über den tievel ûz der helle.

XXII. Der Kaiser Milde und Länge.

Ich wolt hêrn Otten milte nâch der lenge mezzen:
dô hât ich mich an der mâze ein teil vergezzen:
wær er sô milt sô lanc, er hete tugende vil besezzen.
vil schiere maz ich abe den lîp nâch sîner êre:
5 dô wart er vil gar ze kurz als ein verschrôten werc,
miltes muotes minre vil dan ein getwerc;
und ist doch von den jâren, daz er niht enwahset mêre.
dô ich dem künege brâhte dez mez, wie er ûf schôz!
sîn junger lîp wart beide michel unde grôz.
10 nû seht waz er noch wahse: erst ieze übr in wol risen
gnôz.

XXIII. An Friedrich.

Von Rôme vogt, von Pülle künec, lât iuch erbarmen,
daz man mich bî richer kunst lât alsus armen.
gerne wolde ich, möhte ez sîn, bî eigem fiure erwarmen.
zâi wiech danne sunge von den vogellînen,
5 von der heide und von den bluomen, als ich wîlent sanc!
swelch schœne wîp mir denne gæbe ir habedanc,
der lieze ich liljen unde rôsen ûz ir wengel schînen.
sus kume ich spâte und rîte fruo, 'gast, wê dir, wê!'
sô mac der wirt wol singen von dem grüenen klê.
10 die nôt bedenkent, milter künec, daz iuwer nôt zergê.

XXIV. Sehnsucht nach einem Heim.

'Sît willekomen, hêr wirt', dem gruoze muoz ich
swîgen.
'sît willekomen, hêr gast', sô muoz ich sprechen oder
nîgen.
wirt unde heim sint zwêne unschamelîche namen:
gast unde hereberge muoz man sich vil dicke schamen.

Daß er's euch danken will, hieß er euch sagen,
10 Und gerne euer Schuldner sein.
Er schafft euch Recht, wo er Vogt ist,
Wär's auch der Teufel, den ihr müßt verklagen.

22. Der Kaiser Milde und Länge.

Ich wollt' nach seiner Läng' Herrn Ottos Milde messen.
Da hatt' ich doch das rechte Maß gar sehr vergessen.
Wär' er so milb wie lang, er hätt' der Tugend viel besessen.
Alsbald verglich ich nun den Leib mit seiner Ehr'.
5 Da sah ich, daß er gar zu kurz, wie ein verstümmelt Werk,
Freigeb'ges Sinnes noch viel kleiner als ein Zwerg,
Und ist doch in dem Alter, daß er wächset nimmermehr.
Als ich jedoch den König maß, — wie der aufschoß!
Sein junger Leib der wuchs empor und ward so groß!
10 Nun seht, was er noch wachse, er ist jetzt schon gegen jenen
riesengroß.

23. An Friedrich.

Apuliens König, Vogt von Rom, möcht' euch erbarmen,
Daß man mich läßt bei meiner Kunst also verarmen!
Ich möcht' so gerne, könnt' es sein, am eignen Herd' erwarmen.
Wie säng' ich froh dann von den Vögelein den kleinen
5 Von Haide und von Blumen, wie ich vordem sang!
Welch' schöne Frau mir dann entböt' ihr Habedank,
Der rühmt' ich, daß ihr Ros' und Lilie auf den Wangen scheinen.
So komm' ich spät, reit' wieder früh: „Gast, weh dir, weh!"
So kann der Wirt wohl singen von dem grünen Klee.
10 Die Not bedenket, König mild, daß Eure auch vergeh!

24. Sehnsucht nach einem Heim.

„Schön guten Tag, Herr Wirt!" bei dem Gruß muß ich
schweigen,
„Seid mir willkommen, Gast!" dem Gruß muß ich mich
dankend neigen.
Ja, „Wirt und Heim", das sind zwei ehrenwerte Namen.
Durch „Gast und Herberg" oft mir Scham und selten Freuden
kamen.

5 noch müez' ich geleben, daz ich den gast ouch grüeze,
sô daz er mir dem wirte danken müeze.
'sît hînaht hie, sît morgen dort', waz gougelfuore ist
daz!
'ich bin heime' od 'ich wil heim', daz trœstet baz.
gast unde schâch kumt selten âne haz:
10 nû büezet mir des gastes, daz iu got des schâches
büeze.

XXV. Dank an Friedrich.

Ich hân mîn lêhen, al die werlt, ich hân mîn lêhen!
nû enfürhte ich niht den hornunc an die zêhen,
und wil alle bœse hêrren deste minre flêhen.
der edel künec, der milte künec hât mich berâten,
5 daz ich den sumer luft und in dem winter hitze hân.
mîn' nâhgebûren dunke ich verre baz getân:
si sehent mich niht mêr an in butzen wîs also si
tâten.
ich bin ze lange arm gewesen ân mînen danc.
ich was sô volle scheltens, daz mîn âten stanc:
10 daz hât der künec gemachet reine, und dar zuo mînen
sanc.

XXVI. Landgraf von Thüringen.

Ich bin des milten lantgrâven ingesinde.
ez ist mîn site, daz man mich iemer bî den tiursten
vinde.
die andern fürsten alle sint vil milte, iedoch
sô stæteclîchen niht: er was ez ê und ist ez noch.
5 dâ von kan er baz danne si dermit gebâren:
er enwil dekeiner lûne vâren.
swer hiure schallet und ist hin ze jâre bœse als ê,
des lop gruonet unde valwet sô der klê.
der Dürnge bluome schînet durch den snê:
10 sumer und winter blüet sîn lop als in den êrsten
jâren.

5 O möcht' ich's noch erleben, daß den Gast ich grüße,
So daß er mir als Wirte danken müsse!
„Seid heutnacht hier, seid morgen dort", welch' Gaukelfahrt
ist das!
„Ich bin daheim, ich möchte heim", das tröstet baß.
Ein „Gast" und „Schach" kommt selten ohne Haß.
10 Drum laßt mich nicht als Gast, daß Gott im Schach euch
nicht mehr ließe!

25. Dank an Friedrich.

Ich hab' mein Lehen, alle Welt! ich hab' mein Lehen!
Nun fürcht' ich nimmermehr den Winter an den Zehen,
Und will die geiz'gen Herren um so wenger flehen.
Der edle, milde König hat mich so beraten,
5 Daß ich den Sommer Luft und in dem Winter Wärme hab'.
Die Nachbarn wenden sich nicht ferner von mir ab
Und nehmen mich nicht mehr als Schreckgespenst, wie sonst
sie thaten.
Ich bin zu lange arm gewesen, wahrlich sonder Dank,
War überall voll Scheltens, daß mein Hauch schon stank.
10 Den hat der König rein gemacht, dazu auch meinen
Sang.

26. Landgraf von Thüringen.

Ich zähl' mich zu des milden Landgrafen Hofgesinde,
Es ist mein Brauch, daß man mich immer bei den Besten
finde.
Die andern Fürsten sind ja alle mild, jedoch
Nicht so beständig; denn er war es stets und ist es noch.
5 Drum kann er besser auch als jene mild verfahren,
Denn nimmer liebt er launisches Gebahren.
Wer heut sich brüstet und ist morgen geiziger denn je,
Des Ruhm, heut grün, ist morgen welk so wie der Klee.
Thüringens Blume glänzet durch den Schnee:
10 Sommer und Winter blüht sein Lob wie in den ersten
Jahren.

XXVII. Der Pfaffen Einmischung.

   Künc Constantîn der gap sô vil,
als ich ez iu bescheiden wil,
dem stuol ze Rôme: sper, kriuz' unde krône.
Zehant der engel lûte schrê:
5 'owê, owê, zem dritten wê!
ê stuont diu kristenheit mit zühten schône.
Der ist nû ein gift gevallen,
ir honec ist worden zeiner gallen.
daz wirt der werlt her nâch vil leit.'
10 alle fürsten lebent nû mit êren,
wan der hœhest' ist geswachet:
daz hât der pfaffen wal gemachet.
daz sî dir, süezer got, gekleit!
die pfaffen wellent leien reht verkêren! —
15 der engel hât uns wâr geseit.

XXVIII. Der wälsche Schrein.

   Ahî wie kristenlîche nû der bâbest lachet,
swenne er sînen Walhen seit: 'ich hânz alsô gemachet'!
daz er dâ seit, des solte er niemer hân gedâht.
er giht: 'ich hân zwên Almân under eine krône brâht,
5 daz siz rîche sulen stœren unde wasten.
ie dar under füllen wir die kasten.
ich hâns an mînen stoc gement, ir guot ist allez mîn,
ir tiuschez silber vert in mînen welschen schrîn.
ir pfaffen, ezzent hüener und trinket wîn,
10 unde lânt die tiutschen . . . . vasten.'

XXIX. Der Opferstock.

   Sagt an, hêr Stoc, hât iuch der bâbest her gesendet,
daz ir in rîchet und uns Tiutschen ermet unde
                         pfendet?
swenn im diu volle mâze kumt ze Laterân,
sô tuot er einen argen list, als er ê hât getân:
5 er seit uns danne, wie daz rîche stê verwarren,
unz in erfüllent aber alle pfarren.

27. Der Pfaffen Einmischung.

Es hat der König Konstantin
Dem römschen Stuhl so viel verliehn:
Speer, Kreuz und Krone, wie sie uns berichten.
Da rief der Engel laut sogleich:
5 „Weh! dreimal wehe über euch!
Eh' stand die Christenheit so schön mit Züchten.
Darein ist nun ein Gift gefallen,
Was Honig war, wird jetzt zu Gallen.
Viel Leid darnach die Welt zernagt."
10 Ja alle Fürsten leben jetzt mit Ehren,
Geschwächt ist nur des Höchsten Macht,
Das hat der Pfaffen Wahl gemacht.
Das sei dir, großer Gott, geklagt!
Die Pfaffen wollen Laienrecht verkehren! —
15 So hat der Engel recht gesagt.

28. Der wälsche Schrein.

Sieh nur, wie christlich doch der Papst jetzt unser lachet,
Wenn er den Wälschen sagt, wie er's bei uns gemachet.
Was er da sagt, er hätt' es besser nie gedacht.
Er spricht: „Ich hab' zwei Alemannen unter eine Kron' gebracht,
5 Daß sie das Reich verstörn, mit Raub und Brand belasten.
Derweile füllen wir die Opferkasten.
Ich trieb sie an den Opferstock, und all ihr Schatz ist mein,
Ihr deutsches Silber fährt in meinen wälschen Schrein.
Ihr Pfaffen, esset Hühner, trinket Wein
10 Und laßt die deutschen . . . . fasten!"

29. Der Opferstock.

Sagt an, Herr Stock, hat euch der Papst denn hergesendet,
Daß ihr ihn reich macht und uns Deutsche aussaugt nur und pfändet?
Wenn ihm das volle Maß kommt in den Lateran,
Spricht er mit arger List, wie vordem er gethan:
5 Das Reich sei zu verwirrt und müss' der Hülfe harren,
Bis abermals gefüllt ihn alle Pfarren.

ich wæn' des silbers wênic kumet ze helfe in gotes lant:
grôzen hort zerteilet selten pfaffen hant.
hêr Stoc, ir sît ûf schaden her gesant,
10 daz ir ûz tiutschen liuten suochet tœrinn' unde narren.

XXX. Deutschland über Alles.

Ir sult sprechen willekomen:
der iu mære bringet, daz bin ich.
Allez daz ir habt vernomen,
daz ist gar ein wint: nû frâget mich.
5 Ich wil aber miete;
wirt mîn lôn iht guot,
ich sage iu vil lîhte, daz iu sanfte tuot.
seht, waz man mir êren biete.

Ich wil tiuschen frouwen sagen
10 solhiu mære, daz si deste baz
Al der werlte suln behagen:
âne grôze miete tuon ich daz.
Waz wold' ich ze lône?
si sint mir ze hêr:
15 sô bin ich gefüege, und bite si nihtes mêr,
wan daz si mich grüezen schône.

Ich hân lande vil gesehen
unde nam der besten gerne war:
Übel müeze mir geschehen,
20 kunde ich ie mîn herze bringen dar,
Daz im wol gevallen
wolde fremeder site.
nû waz hulfe mich, ob ich unrehte strite:
tiuschiu zuht gât vor in allen.

25 Von der Elbe unz an den Rîn
und her wider unz an Ungerlant
Mugen wol die besten sîn,
die ich in der werlte hân erkant.
Kan ich rehte schouwen
30 guot gelâz und lîp,
sem mir got, sô swüere ich wol, daz hie diu wîp
bezzer sint dan ander frouwen.

Ich glaube, wenig Silber kommt zu Hülf' in Gottes Land,
Denn große Schätze teilet selten Pfaffenhand.
Herr Stock, ihr seid zum Schaden hergesandt,
10 Daß ihr bei uns euch aussucht dumme Fraun und Narren.

30. Deutschland über Alles.

Heißet mich nun froh willkommen,
Der euch gute Kunde bringt, bin ich.
Was ihr sonst auch habt vernommen,
Das ist leerer Schall; jetzt fragt nur mich.
5 Doch ihr müßt gewähren
Lohn mir; wird er gut,
Sag' ich euch von Herzen, was gar wohl euch thut.
Seht, womit ihr mich wollt ehren.

Ich will von den deutschen Frauen
10 Solches rühmen, daß sich besser noch
Alle Welt dran soll erbauen,
Thu' ich's ohne viel Vergeltung doch!
Wie solln sie's versüßen?
Sie sind mir zu hehr,
15 Drum bin ich bescheiden, bitte sie nichts mehr,
Als daß sie mich freundlich grüßen.

Viele Länder durft' ich sehen,
Auf die besten richten meinen Sinn:
Übel müßte mir geschehen,
20 Könnt' mein Herz ich bringen je dahin,
Daß ihm wohl gefalle
Fremder Länder Sitte.
Drum wie thöricht wär's, wenn ich für Falsches stritte:
Deutsche Zucht geht über alle.

25 Von der Elbe bis zum Rheine
Und hinüber bis ans Ungerland
Sind die besten, wie ich meine,
Die ich auf der weiten Erde fand.
Weiß ich recht zu schauen
30 Was des Weibes Zier,
Schwöre ich, daß alle Frauen besser hier
Als wo anders Edelfrauen.

Tiusche man sint wol gezogen,
rehte als engel sint diu wîp getân.
35 Swer si schildet, derst betrogen,
ich enkan sîn anders niht verstân.
Tugent und reine minne,
swer die suochen wil.
der sol komen in unser lant. dâ ist wünne vil.
40 lange müeze ich leben dar inne!

   Deutscher Mann ist wohl gezogen,
   Deutsche Frau wie Engel hold und rein.
35 Wer sie schilt, der ist betrogen,
   Anders kann es nimmer sein.
   Zucht und reine Minne,
   Wer die suchen will,
   Komm' nur her in unser Land. Da ist Wonne viel.
40 Möcht' ich lange leben drinne!

Für Gottes Ehr' und deutsches Wesen.

XXXI. Brüderlichkeit.

Swer âne vorhte, hêrre got,
wil sprechen dîniu zehen gebot,
und brichet diu, daz ist niht rehtiu minne.
Dich heizet vater maneger vil:
5 swer mîn ze bruoder niht enwil,
der spricht diu starken wort ûz krankem sinne.
Wir wahsen ûz gelîchem dinge:
spîse frumet uns, diu wirt ringe,
sô si durch den munt gevert.
10 wer kan den hêrren von dem knehte scheiden,
swa er ir gebeine blôzez fünde,
hete er ir joch lebender künde,
sô gewürme dez fleisch verzert?
im dienent kristen, juden unde heiden,
15 der elliu lebenden wunder nert.

XXXII. Selbstüberwindung.

Wer sleht den lewen, wer sleht den risen?
wer überwindet jenen und disen?
daz tuot jener, der sich selber twinget
und alliu sîniu lit in huote bringet
5 ûz der wilde in stæter zühte habe.
geligeniu zuht und schame vor gesten
mugen wol eine wîle erglesten:
der schîn nimt drâte ûf und abe.

XXXIII. Unbeständige Freundschaft.

Swer sich ze friunde gewinnen lât
und ouch dâ bî die tugende hât,
daz er sich âne wanken lât behalten,
des friundes mac man gerne schône walten.

Für Gottes Ehr' und deutsches Wesen.

31. Brüderlichkeit.

    Wer deine zehn Gebote spricht
Und dennoch ohne Scheu sie bricht,
O Herr, der hat fürwahr nicht rechte Liebe.
Gar mancher, der dich Vater nennt,
5 Wenn der als Bruder mich nicht kennt,
Der spricht das mächt'ge Wort aus mattem Triebe.
Der gleiche Stoff ist's, der uns nährt.
Wenn Speise durch den Mund uns fährt,
Ist sie uns allen gleich viel wert.
10 Wer kann vom Knecht den Herren unterscheiden,
Und wärn sie ihm noch so bekannt,
Wenn er bloß ihr' Gebeine fand,
Ihr Fleisch von Würmern ganz verzehrt?
Ihm dienen Christen, Juden und auch Heiden,
15 Der alles Leben herrlich nährt.

32. Selbstüberwindung.

    Wer schlägt den Löwen, schlägt den Riesen,
Wer überwindet den und diesen?
Nur jener thut es, der sich selber zwinget
Und wohl in Hut all seine Glieder bringet,
5 Die Leidenschaften in den Port der Zucht.
Geliehne Zucht und Scham vor Fremden
Die mögen eine Zeitlang blenden,
Doch bald man ihren Schein vergebens sucht.

33. Unbeständige Freundschaft.

    Wer sich zum Freund gewinnen läßt
Und hält dabei die Tugend fest,
Daß er sich ohne Wank mag halten:
Den Freund will gerne man behalten.

5 ich hân eteswenne friunt erkorn
   sô sinewel an sîner stæte,
   swie gerne ich in behalten hæte,
   daz ich in muoste hân verlorn.

   Swer mir ist slipfic als ein îs
10 und mich ûf hebt in balles wîs,
   sinewelle ich dem in sînen handen,
   daz sol z'unstæte nieman an mir anden,
   sît ich dem getriuwen friunde bin
   einlœtic unde wol gevieret.
15 swes muot mir ist sô rêch gezieret,
   nû sus, nû sô, den walge ich hin.

XXXIV. Erprobte Freundschaft.

Swer stætes friundes sich durch übermuot behêret.
und er den sînen durch des fremeden êre unêret,
der möhte ersehen, wurd' er von sînem hœhern ouch
                                         gesêret,
daz diu gehalsen friuntschaft sich vil lîhte entrande,
5 swenn er sich lîbes unde guotes solde umb in bewegen.
ich hân vereischet, die der wenke hânt gepflegen,
daz si der kumber wider ûf die erbornen friunt gewande:
daz sol von gotes lêhen dicke noch geschehen.
ouch hôrte ich ie mit volge des die liute jehen,
10 'gewissen friunt, versuochtiu swert, sol man ze nôt
                                         ersehen.'

XXXV. Verwandtschaft und Freundschaft.

   Man hôhgemâc, an friunden kranc,
   daz ist ein swacher habedanc:
   baz gehilfet friuntschaft âne sippe.
   lâ einen sîn geborn von küneges rippe:
5 er enhabe friunt, waz hilfet daz?
   mâcschaft ist ein selbwahsen êre:
   sô muoz man friunt verdienen sêre.
   mâc hilfet wol, friunt verre baz.

5 Ich hab' schon manchen Freund erkoren,
So rund, ganz wie ein Ball an Stäte.
Wie gern ich ihn behalten hätte,
Ich mußt' ihn geben doch verloren.

Wer schlüpfrig mir sich giebt wie Eis,
10 Dreht mich herum in Balles Weis',
Bin ich dem rund in seiner Hand,
Das rechne niemand mir zur Schand',
Da ich dem treuen Freunde bin
Rechtwinkelig und grab' geviert.
15 Wes Sinn mir ist so bunt geziert,
Bald so, bald so, — der fahre hin.

34. Erprobte Freundschaft.

Wer sich den eignen Freund durch Übermut entfremdet,
Und wer den Seinen um des Fremden Ehre schändet,
Der könnt' erfahren, wenn sich gegen ihn ein Höh'rer wendet,
Daß, der ihm einst so traut, ihn nicht mehr kannte,
5 Wenn Gut und Leben er für ihn ein sollte setzen.
Ich hab' erlebt: der einst durch Untreu konnt' verletzen,
Daß den das Herzleid wieder an den alten Blutsfreund mahnte.
Das wird durch Gottes Fügung oftmals noch geschehen.
Ich hört' das Volk dem Wort stets Wahrheit zugestehen:
10 Gewissen Freund, erprobtes Schwert kann man in Not erst sehen.

35. Verwandtschaft und Freundschaft.

An hohen Blutsverwandten reich,
An echten, treuen Freunden arm,
Das macht das Herze selten warm.
Dir hilft viel besser Freundschaft ohne Sippe.
5 Mag einer sein geborn von Königs Rippe,
Und hat er keinen Freund, was hilft ihm das?
Verwandtschaft wächst von selbst dir zu,
Doch Freundschaft mußt verdienen du.
Hilft jene dir, — der Freund hilft baß.

XXXVI. Pfui Heuchelei!

Got weiz wol, mîn lop wær' iemer hovestæte,
dâ man etteswenne hovelîchen tæte,
mit gebærde, mit gewisser rede, mit der tæte.
mir griulet, sô mich lachent an die lechelære,
5 den diu zunge honget und daz herze gallen hât.
friundes lachen sol sîn âne missetât,
lûter als der âbentrôt, der kündet liebiu mære.
nû tuo mir lacheliche, od lache ab anderswâ.
swes munt mich triegen wil, der habe sîn lachen dâ:
10 von dem næm' ich ein wârez nein für zwei gelogeniu jâ.

XXXVII. Habsucht.

Swer houbetsünde und schande tuot
mit sîner wizzend' umbe guot,
sol man den für einen wîsen nennen?
Swer guot von disen beiden hât,
5 swerz an im weiz und sichs verstât,
der sol in zeinem tôren baz erkennen.
Der wîse minnet niht sô sêre,
alsam die gotes hulde und êre:
sîn selbes lîp, wîp unde kint,
10 diu lât er, ê er disiu zwei verliese.
er tôre, er dunket mich niht wîse,
und ouch der sîn' êre prîse:
ich wæn' si beide tôren sint.
er gouch, swer für diu zwei ein anderz kiese!
15 der ist an rehten witzen blint.

XXXVIII. Reichtum ohne rechten Sinn.

Waz wunders in der werlte vert!
wie manic gâbe ist uns beschert
von dem, der uns ûz nihte hât gemachet!
Dem einen gît er schœnen sin,
5 dem andern guot und den gewin,
daz er sich mit sîn selbes guote swachet.

36. Pfui Heuchelei!

Gott weiß, mein Lob das wär' am Hofe immer stät,
Wenn man dort stets, wie sich's gebührt, gehandelt hätt',
Wenn Miene, Wort und That sich dort entsprochen hätt'!
Mich ekelt, wenn die Heuchler mich lächeln an,
5 Sie, deren Zunge Honig trieft, das Herz von Galle wallt.
Des Freundes Lachen soll doch sein ohn' Hinterhalt,
Süß wie das Abendrot, das Gutes kündet an.
Lach anderswo, sonst handle nach dem Lachen dein!
Wes Mund mich trügen will, der lass' das Lachen sein:
10 Für zwei gelogne Ja nähm' lieber ich ein wahres Nein.

37. Habsucht.

Wer schwere Sünd und Unrecht thut,
Der That bewußt, um Geld und Gut,
Kann man den einen Weisen nennen?
Wer Gut hiermit erworben hat,
5 Den soll, wer sich auf solche That
Versteht, als Thoren recht erkennen.
Der Weise schätzet nichts so sehr
Als Gottes Huld und echte Ehr'.
Sein eigen Leben, Weib und Kind
10 Die läßt er, eh' er diese zwei verlöre.
Ein Thor ist jener, nimmer weise,
Auch der, der seine Ehre preise:
Mich dünkt, daß beide Thoren sind.
Ein Narr, wer andres für die zwei erköre!
15 Der ist an echter Weisheit blind.

38. Reichtum ohne rechten Sinn.

Wie wundersam ist's doch bestellt!
Der aus dem Nichts erschuf die Welt,
Der hat uns Gaben mancherlei bescheret.
Dem einen giebt er edlen Sinn,
5 Dem andern Gut und den Gewinn,
Daß er sich selbst mit seinem Gut entehret.

Armen man mit guoten sinnen
sol man für den rîchen minnen,
ob er êren niht engert.
10 ja enist ez niht wan gotes hulde und êre,
dar nâch diu werlt sô sêre rihtet:
swer sich ze guote also verpflihtet,
daz er der beider wirt entwert,
dern habe ouch hie noch dort niht lônes mêre,
15 wan sî eht guotes hie gewert.

XXXIX. Ehret die Alten!

Die veter hânt ir kint erzogen,
dar ane si bêde sint betrogen:
si brechent dicke Salomônes lêre.
Der sprichet, swer den besmen spar,
5 daz der den sun versûme gar:
des sint die ungebatten gar ân êre.
Hie vor dô was diu werlt sô schœne,
nû ist si worden also hœne:
des enwas niht wîlent ê:
10 die jungen habent die alten sô verdrungen.
nû spottet also dar der alten!
ez wirt iu selben noch behalten:
beitet, unz iuwer jugent zergê:
swaz ir nû tuot, daz rechent iuwer jungen
15 daz weiz ich wol, und weiz noch mê.

XL. Jugendlehren.

Nieman kan mit gerten
kindes zuht beherten:
den man z'êren bringen mac,
dem ist ein wort als ein slac.
5 dem ist ein wort als ein slac,
den man z'êren bringen mac:
kindes zuht beherten
nieman kan mit gerten.
Hüetet iuwer zungen:
10 daz zimt wol den jungen.
stôz den rigel für die tür,
lâ kein bœse wort dar für.

Armen Mann mit edlen Sinnen
Soll man vor dem Reichen minnen,
Der die Tugend nicht begehrt.
10 Ist es ja doch nur Gottes Huld und Ehr',
Worauf die Welt ihr Sehnen richtet:
Wer sich dem Reichtum so verpflichtet,
Daß er die beiden drum entbehrt,
Der hab' auch hier und dort nicht Lohnes mehr,
15 Als den der Reichtum hier gewährt.

39. Ehret die Alten!

Die Väter haben ihre Söhn' erzogen,
Daß sie nun beide sind daran betrogen:
Sie brechen oft die Lehr' des Salomo.
Der sagt euch: wer die Rute spar',
5 Versäum' die Kinder ganz und gar;
Drum sind sie ohne Ehrgefühl und roh.
Jetzt ist von Hochfahrt voll die Welt;
Vordem war sie so schön bestellt,
Wie sie jetzt voller Schmach und Schand.
10 Von Jungen nun verdrängt die Alten sind.
Nun spottet immerhin der Alten.
Die Strafe bleibt euch aufbehalten,
Wenn eure Jugend erst entschwand!
Die Jungen rächen es, wenn sie wie ihr gesinnt!
15 Dies ist, und mehr noch, mir bekannt.

40. Jugendlehren.

Niemand zwingt mit Ruten
Kindes Zucht zum Guten.
Den zur Ehr' man bringen mag,
Treffen Worte wie ein Schlag.
5 Worte treffen wie ein Schlag,
Den zur Ehr' man bringen mag,
Kindes Zucht zum Guten
Niemand zwingt mit Ruten.
Hütet eure Zungen,
10 Das ziemt wohl den Jungen.
Schiebt den Riegel vor die Thür,
Laßt kein böses Wort herfür.

  lâ kein bœse wort dar für,
  stôz den rigel für die tür.
15 daz zimt wol den jungen:
  hüetent iuwer zungen.

  Hüetent iuwer ougen
  offenbâre und tougen,
  lânt si guote site spehen
20 und die bœsen übersehen.
  und die bœsen übersehen
  lânt si, guote site spehen;
  offenbâre und tougen
  hüetent iuwer ougen.

25 Hüetent iuwer ôren,
  oder ir sît tôren,
  lânt ir bœsiu wort dar in,
  daz gunêret iu den sin.
  daz gunêret iu den sin,
30 lânt ir bœsiu wort dar in;
  oder ir sît tôren:
  hüetent iuwer ôren.

  Hüetent wol der drîer
  leider alze frîer.
35 zungen, ougen, ôren sint
  dicke schalchaft, z'êren blint.
  dicke schalchaft, z'êren blint
  zungen, ougen, ôren sint.
  leider alze frîer
40 hüetent wol der drîer.

XLI. Das heilige Land.
Kreuzlied.

  Allerêrst leb ich mir werde,
  sît mîn sündic ouge siht
  Daz hêre lant und ouch die erde,
  dem man vil der êren giht.
5 Mirst geschehen, des ich ie bat,
  ich bin komen an die stat,
  dâ got mennischlîchen trat.

Laßt kein böses Wort herfür,
Schiebt den Riegel vor die Thür.
15 Das ziemt wohl den Jungen:
Hütet eure Zungen.

Hütet eure Blicke,
Daß sie nichts berücke.
Laßt sie gute Sitte spähn,
20 Böse laßt sie übersehn.
Böse laßt sie übersehn,
Laßt sie gute Sitte spähn,
Daß sie nichts berücke,
Hütet eure Blicke.

25 Hütet eure Ohren
Oder ihr seid Thoren.
Laßt ein böses Wort ihr ein,
Wird eu'r Sinn geschändet sein.
Eu'r Sinn wird geschändet sein,
30 Laßt ein böses Wort ihr ein,
Oder ihr seid Thoren:
Hütet eure Ohren.

Hütet wohl die dreie,
Leider allzu freie:
35 Zungen, Augen, Ohren sind
Boshaft oft, für Ehre blind.
Boshaft oft, für Ehre blind
Zungen, Augen, Ohren sind,
Leider allzu freie.
40 Hütet wohl die dreie!

41. Das heilige Land.

Kreuzlied.

Nun erst ist mir wert mein Leben,
Da mein sündig Auge schaut
Das Land, dem viel Ehr' gegeben,
Und die Erde hehr und traut.
5 Hab' erreicht, was stets ich bat,
Bin gekommen an die Statt,
Die Gott als ein Mensch betrat.

Schœniu lant, rîch unde hêre,
swaz ich der noch hân gesehen,
10 Sô bist duz ir aller êre.
waz ist wunders hie geschehen!
Daz ein magt ein kint gebar
hêre über aller engel schar,
was daz niht ein wunder gar?

15   Hie liez er sich reine toufen,
daz der mensche reine sî.
Dô liez er sich hie verkoufen,
daz wir eigen wurden frî.
Anders wæren wir verlorn.
20 wol dir, sper, kriuz' unde dorn!
wê dir, heiden! deist dir zorn.

Do er sich wolte über uns erbarmen,
hie leit er den grimmen tôt,
Er vil rîche über uns vil armen,
25 daz wir kœmen ûz der nôt.
Daz in dô des niht verdrôz,
dast ein wunder alze grôz.
aller wunder übergnôz.

Do er den tievel dô geschande,
30 daz nie keiser baz gestreit,
Dô fuor er her wider ze lande.
dô huob sich der juden leit,
Daz er hêrre ir huote brach,
und man in sît lebendic sach,
35 den ir hant sluoc unde stach.

In diz lant hât er gesprochen
einen angeslîchen tac,
Dâ diu witwe wirt gerochen
und der weise klagen mac
40 Und der arme den gewalt,
der dâ wirt mit ime gestalt.
wol im dort, der hie vergalt!

Hehres Land, voll Ehr' und Wonne!
Wie viel' ich auch hab' gesehn,
10 Du bist aller Länder Krone.
Was ist Wunder hier geschehn!
Eine Magd ein Kind gebar,
Hehrer denn der Engel Schar.
Ob das nicht ein Wunder war!

15 Hier ließ sich der Reine taufen,
Daß der Mensch auch sündlos sei.
Hier ließ er sich dann verkaufen,
Daß wir Knechte würden frei.
Denn sonst waren wir verlor'n.
20 Heil dir, Speer und Kreuz und Dorn.
Weh' des Heiden wildem Zorn!

 Über uns sich zu erbarmen
Litt er hier den grimmen Tod,
Er, der Reiche, für die Armen,
25 Daß wir kämen aus der Not.
Weil er also dies gemacht,
Hat ein Wunder er vollbracht,
Wie noch keines je erdacht.

 Und den Teufel schlug er nieder,
30 Wie kein Kaiser es vermag,
Stieg dann aus dem Grabe wieder
Zu der Juden Zorn und Schmach.
Ihre Wachen er durchbrach.
Lebend schaute man darnach,
35 Dem die Seite man durchstach.

 Zum Gericht hat er verkündet
Diesem Lande einen Tag,
Wo der Witwe Klage schwindet,
Frei die Waise sprechen mag
40 Und der Arme zeigen bald,
Wer ihm hier einst that Gewalt.
Heil ihm dort, der hier vergalt.

```
         Kristen, juden und die heiden
         jehent, daz diz ir erbe sî:
     45  Got müez ez ze rehte scheiden
         durch die sîne namen drî.
         Al diu werlt diu strîtet her:
         wir sîn an der rehten ger:
         reht ist, daz er uns gewer.
```

XLII. Schwanengesang.

         Owê war sint verswunden   alliu mîniu jâr!
         ist mir mîn leben getroumet,   oder ist es wâr?
         daz ich ie wânde, daz iht   wære, was daz iht?
         dar nâch hân ich geslâfen   und enweiz es niht.
     5   nû bin ich erwachet,   und ist mir unbekant,
         daz mir hie vor was kündic   als mîn ander hant.
         liut' unde lant, dâ ich   von kinde bin erzogen,
         die sint mir fremde worden   reht' als ez sî gelogen.
         die mîne gespilen wâren,   die sint træge und alt.
     10 vereitet ist daz velt,   verhouwen ist der walt:
         wan daz daz wazzer fliuzet   als ez wîlent flôz.
         für wâr ich wânde mîn   unglücke wurde grôz,
         mich grüezet maneger trâge,   der mich bekande ê wol.
         diu werlt ist allenthalben   ungenâden vol.
     15 als ich gedenke an manegen   wünneclîchen tac,
         die mir sint enpfallen gar   als in daz mer ein slac,
             iemer mêre ouwê.

         Owê wie jæmerlîche   junge liute tuont!
         den unvil riuweclîche   ir gemüete stuont,
     20 die kunnen nû wan sorgen;   owê wie tuont si sô?
         swar ich zer werlte kêre,   dô ist nieman frô.
         tanzen unde singen   zergât mit sorgen gar:
         nie kristenman gesah   sô jæmerlîche jâr.
         nû merkent, wie den frouwen   ir gebende stât,
     25 die stolzen ritter tragent   dörpellîche wât.
         uns sint unsenfte brieve   her von Rôme komen,
         uns ist erloubet trûren   und fröude gar benomen.
         daz müet mich inneclîchen, — wir lebten ie vil wol! —
         daz ich nû für mîn lachen   weinen kiesen sol.

Christen, Juden und auch Heiden
Sprechen es als Erbe an.
45 Der Dreiein'ge wird's entscheiden,
Seine Macht allein es kann.
Drum im Streit liegt alle Welt.
Recht ist nur, wenn's uns zufällt
Und der Christ sein Recht behält.

42. Schwanengesang.

O weh! Wohin entschwanden alle meine Jahr'!
Hab' ich geträumt mein Leben, oder ist es wahr?
Was ich für wahr gehalten, war es nur ein Traum?
Dann hab' ich wohl geschlafen, und ich weiß es kaum.
5 Jetzt bin ich aufgewachet, da ist mir unbekannt,
Was einst mir so vertraut war, wie meine rechte Hand.
Es sind mir Land und Leute, da man mich erzog,
Gar fremd und kalt geworden, als ob ein Schein mich trog.
Mit denen froh ich spielte, die sind nun träg' und alt.
10 Der Acker ist verwüstet, verschwunden ist der Wald:
Nur daß das Wasser fließet, so wie es ehmals floß,
Fürwahr, sonst glaubt' ich, wäre mein Unglück gar zu groß.
Mich grüßet mancher träge, der mich gekannt so wohl.
Die Welt ist allenthalben der Mühsal gar zu voll.
15 Wenn ich gedenk' an manchen wonnesamen Tag,
Der mir in nichts zerronnen wie in das Meer ein Schlag,
Immer mehr o weh!

O weh, wie thut so kläglich der jungen Leute Schar!
Sie, denen einst so fröhlich ihr junges Herze war,
20 Die können nichts als sorgen; weh, warum thun sie so?
Wo ich zu Menschen komme, ach, niemand ist da froh.
Die Lust bei Tanz und Singen löst sich in Sorg' und Leid;
Kein Christenmensch sah jemals so jämmerliche Zeit.
So seht nur, wie die Frauen sich binden jetzt ihr Haar,
25 Die stolzen Ritter tragen wohl Bauernkleider gar!
Welch schreckenvolle Kunde ist her von Rom gekommen,
Nun dürfen wir nur trauern, die Freud' ist uns genommen.
Das quält mich recht von Herzen, — wir lebten einst so wohl! —
Daß ich nun statt zu lachen allein noch weinen soll.

30 die wilden vogel die betrüebet unser klage:
waz wunders ist, ob ich dâ von vil gar verzage?
waz spriche ich tumber man durch mînen bœsen zorn?
swer dirre wünne volget, der hât jene dort verlorn.
　　iemer mêre ouwê.

35　Ouwê wie uns mit süezen dingen ist vergeben!
ich sihe die gallen mitten in dem honege sweben:
diu Werlt ist ûzen schœne, wîz, grüen' unde rôt,
und innân swarzer varwe, vinster sam der tôt.
swen si nû habe verleitet, der schouwe sînen trôst:
40 er wirt mit swacher buoze grôzer sünde erlôst.
dar an gedenkent, ritter: ez ist iuwer dinc.
ir tragent die liehten helme und manegen herten rinc,
dar zuo die vesten schilte und diu gewîhten swert.
wolte got, wær' ich der sigenünfte wert!
45 sô wolte ich nôtic man verdienen rîchen solt.
doch meine ich niht die huoben noch der hêrren golt:
ich wolte sælden krône êweclîchen tragen:
die möhte ein soldenære mit sîme sper bejagen.
möht' ich die lieben reise gevaren über sê,
50 sô wolte ich denne singen wol und niemer mêre ouwê.

30 Die Vögelein, die freien, betrübet unser Klagen:
Was Wunder ist's, wenn ich nun muß ganz und gar verzagen.
Was red' ich doch so thöricht in meinem schlimmen Zorn?
Wer hier die Freude suchet, hat jene dort verlor'n.
  Immer mehr o weh!
35 O weh, wir sind vergiftet mit Süßem ganz und gar!
Im Honig mitten inne nehm' ich die Galle wahr.
Die Welt ist schön von außen, so grün und weiß und rot,
Doch innen schwarzer Farbe, finster wie der Tod.
Wen sie verführet habe, der suche Trost und Heil,
40 Ihm wird für leichte Buße Vergebung noch zu teil.
Euch geht es an, ihr Ritter! Beachtet meinen Wink.
Ihr tragt die blanken Helme und manchen harten Ring,
Dazu die festen Schilde und das geweihte Schwert.
Ach, wollte Gott, ich wäre auch solches Sieges wert!
45 So wollt' ich viel Bedrängter verdienen reichen Sold.
Doch meine ich nicht Äcker, noch reicher Herren Gold.
Ich wollt' des Heiles Krone tragen ewiglich,
Die mit dem Speer ein Söldner könnt' erjagen sich.
Könnt' ich die liebe Reise mitfahren über See,
50 So wollt' ich fröhlich singen und nimmermehr o weh!

Anmerkungen.

Des Minnesangs Frühling.

Namenlose Lieder.

1. **Mein.** Vermutlich ein dem Volke längst bekanntes Lied, das hier auf die Freundschaft angewendet wird. Es steht am Ende eines lateinischen Briefes, den ein Mädchen an ihren Freund, wie es scheint ihren Lehrer, einen Geistlichen, schrieb. Derselbe ist aufbewahrt unter den Briefen Wernhers von Tegernsee, gedruckt in Lachmanns 'Des Minnesangs Frühling' und übersetzt in G. Freytags 'Bildern aus der deutschen Vergangenheit' (Gesammelte Werke 17) I, 528. Wir heben folgende Stellen aus: „Immer war Anfang, Mitte und Ende unsrer Unterredung die Freundschaft. Da ist es in der Ordnung, daß ich von der wahren Freundschaft, dem besten, fröhlichsten und lieblichsten aller Dinge spreche. Wahre Freundschaft ist nach dem Zeugnis des Tullius Cicero Einklang in allem Göttlichen und Menschlichen mit Herzlichkeit und zugeneigtem Sinn. Sie ist auch, wie ich von dir gelernt habe, das trefflichste aller Dinge auf Erden und besser als alle andern Tugenden. Denn sie gesellt, was getrennt war, sie bewahrt, was sie gesellt, und was sie bewahrt, hebt sie höher und höher . . . Auch der Glaube wird die Königin aller Tugenden genannt, und das bezeugt nicht nur die heilige Schrift, auch die unverwerfliche Lehre weltlicher Lehrer. Diesen Glauben willst du, und ich will ihn; du suchst ihn bei mir und ich wieder bei dir, ihn hefte ich durch Wort und That eifrig in dein Herz. Scheidest du dich von ihm, so sinkst du zum Abgrund; lösest du dich von ihm, so fährst du niederwärts vom Pfade der Tugend. Vermählst du dich ihm, so leuchtest du wie ein Sonnenstrahl; dienst du ihm, so eroberst du die Burg der Tugenden; folgst du ihm, erwirbst du ein seliges Leben; hältst du ihn fest, so fassest du den Anker deiner Hoffnung. Warum? Er bindet in Hoffnung, er vereint in Liebe; durch seine Fesseln sind wir zusammengesellt; daß wir ihn fühlen, darum wünschen wir uns Glück."

3. Frühlingswonne. Im 12. Jahrhundert bestand in Deutschland neben der deutschen lyrischen Poesie der Ritter eine lateinische der sog. Goliarden, fahrender Kleriker oder Baganten, welche uns in der Liedersammlung von Benedictbeuren (Carmina Burana) aufbehalten ist. Ihre Lieder, von denen hier eins als Beispiel mitgeteilt ist, berühren sich vielfach eng mit denen der ritterlichen Sänger.

Beachte, welch neues Motiv der Frühlingswonne hier eingeführt ist.

4. Gruß. Zu Frühlingsblumen und Vogelsang gesellt sich nun die Minne und in Nr. 5 der Tanz. Beachte die nunmehr geschaffenen Situationen.

Herr von Kürenberg.

6. Der Falke. Die meisten älteren Lieder sind einstrophisch, hier sind zuerst zwei Strophen zu einem Gedicht vereinigt, das einer Frau in den Mund gelegt ist. Der Falke ist das Bild des Geliebten. Vergl. Kriemhilds Traum in den Nibelungen und unten Nr. 9 'Sehnsucht'.

Voraussetzung ist der Frauendienst. Entwickle aus den gegebenen Andeutungen die Geschichte, welche dies Lied voraussetzt und die Situation. Nach einem Turnier?

Die älteren Minnelieder haben oft erzählenden, epischen Eingang, wie Nr. 9, und erinnern damit an die Lösung der Lyrik von der Epik. Lyrisch ist hier nur der Schlußgedanke, welcher die Stimmung für das Ganze giebt. Durch die Situations-Schilderung gewinnt das Lied an Leben und Kraft. — Beachte die Form der Strophe.

Dietmar von Eist.

8. Erinnerung. — Zeige den neuen Gedanken und seine Einkleidung. Verbindung eines äußeren Vorgangs mit einem innern. Zergliedere die Gedanken.

9. Sehnsucht. Zeichne die Situation. Ziehe einen Vergleich zwischen Nr. 8 und 9.

V. 4. Wie die Rose den Mann an die Geliebte mahnt, so erinnert der Falke (vgl. Nr. 6) das Mädchen an den Geliebten.

V. 9. Eigentlich darf nur der Mann wählen, die Frau annehmen, oder versagen. Aber diesmal habe auch ich gewählt, läßt der Dichter seine Geliebte sagen, um sie zu ehren.

Heinrich von Veldeke.

10. Wintersnot. Beachte den neuen Gedanken und die künstliche Strophe.

11. Hoffnung. Um dies Verlangen (V. 7) nach dem Frühling recht zu verstehen, stelle man sich lebhaft vor, welche Not die einfache

Einrichtung der Wohnungen, welche Schranken im geselligen Verkehr der Winter mit sich brachte. Schildere dies und fasse unter diesem Gesichtspunkt die den Wechsel der Jahreszeiten behandelnden Gedichte zusammen. Daher sind stets Mai und Pfingsten die Zeiten der Hoffeste: an einem pfinkstenmorgen Nib. 111 (270) Denkm. I, 3. Vgl. das Maifeld (Majicampus). „Pfingsten, das liebliche Fest war gekommen" beginnt (Goethes) Reinecke Fuchs.

12. **Vogelsang.** Beachte den künstlichen Strophenbau. — V. 5 nach Herzens Lust. — V. 10 beliebter verneinender Ausdruck, eine starke Bejahung bezeichnend: Woran ich stets Wohlgefallen hatte.

Friedrich von Hausen.

13. **Zwiespalt.** Schildert den Kampf, welchen der Kreuzritter mit seinem Herzen auszufechten hatte. Er hat das Kreuz genommen und damit die Pflicht gegen die Heiden zu kämpfen. Was wird nun aus seinen heimatlichen Pflichten und denen gegen seine Geliebte? Schildere den Kreuzritter bei seinem Abschied von der Heimat.

V. 22. Selbst wenn sich das Herz von ihm trennen und zur Geliebten eilen wollte, so würde es doch auch in dieser Trennung unglücklich sein. Also Zwiespalt überall.

Hartmann von Aue.

14. **Kreuzlied.** Das Innere muß dem Äußeren entsprechen. Der Glaube ohne Werke ist tot. Schon im gewöhnlichen ritterlichen Leben waren die höfischen Umgangsformen oft eine leere Form, der das rohe Wesen des Mannes wenig entsprach. Wie viel mehr fiel dieser Zwiespalt ins Gewicht, wenn der Ritter das Kreuz nahm. Man beachte die gereifte religiös-sittliche Erkenntnis, welche aus dem Liede spricht. Das Kreuz, die äußeren Werke thun es nicht, wenn sie nicht aus der rechten Gesinnung fließen. — V. 22. Als Sieger, nämlich von dem Kreuzzuge.

V. 29. Hexe wegen ihres verlockenden Äußeren. Konrad von Würzburg schildert in seinem Gedicht 'Der Welt Lohn' die Welt als wunderschöne Frau, deren Rücken von Geschwüren und Beulen entstellt ist.

Reinmar der Alte.

15. **Glücksverkündigung.** V. 8: gemeint ist: Alle werden mich gern haben. Der Dichter, welcher zum Frühlingsfeste kommt, soll natürlich fröhlich sein. Daher ist auch V. 12 so zu verstehen: Allen bereite ich Freude mit meinem Frohsinn.

V. 17. Der Hehler ist so gut wie der Stehler. Der Dichter müßte andre Freude heucheln, als die, welche aus seinem Liebesglück fließt.

V. 21 wohin ich auch gehe.

V. 22 scherzhaft=ernst: Das Kleine als etwas Großes vorgestellt.

V. 26. Das Drängen beim Ball=Spiele, wo es oft toll herging. Frühling und Ballspiel der Mädchen sind in der Phantasie der Dichter eng verbunden; vgl. Walthers 'Sehnsucht nach dem Frühling' Nr. 5.

16. Auf den Tod des Herzogs Leopold VI. von Österreich (1194). Er war der Vater seiner beiden Nachfolger, des Herzogs Friedrich, durch dessen Tod, und des Herzogs Leopold, durch dessen Unfreundlichkeit Walther von der Vogelweide aus Österreich vertrieben wurde. Siehe Einl. S. 6. Die Klage ist seiner Gemahlin in den Mund gelegt, einige nehmen an, einer allegorischen Person, der Frau Welt.

V. 28 eigentlich: Da nun keine Abhilfe zu schaffen ist, daß ich nicht mehr mit dem Jammer ringe, von dem mein Herz voll ist, so muß ich ihn immer klagen.

Sperbogel.

17. Der Ausdruck „**Weihnacht**" (ze wîhen naht) findet sich hier in dieser festen Prägung zuerst. Beachte die unvollkommene Form der Sprüche (siehe Einl. S. 11).

18. Das himmlische Jerusalem, vgl. Luther an Hänschen. Denkmäler III, 3 S. 162.

19. Auferstehung. V. 4 entlehnt dem Titel des deutschen Kaisers, welcher Vogt (aus lat. vocatus, Advocat), d. i. Schützer der Witwen und Waisen hieß.

V. 6. 7 Beziehung auf die Höllenfahrt und ihre Bedeutung nach 1. Petr. 3, 19.

23. Weibes Tugend. Das mhd. Wort Tugend umfaßt viel mehr als unser nhd. Begriff und bezeichnet die gesamte, innere und äußere Tüchtigkeit. Das Stammwort ist taugen.

V. 8 ihre Ehre = das was sie wirklich ehrt. Nicht auf den Schein, sondern auf das wahre Sein kommt es an.

25. Priamel, eine lehrhafte, im Mittelalter beliebte Dichtungsart. Auf mehrere recht bezeichnende Vordersätze folgt ein kleiner Nachsatz mit auffallend bescheidenem Inhalt. Dadurch wird eine echt komische Wirkung erzielt.

Stelle die Grundzüge der Lebensweisheit Sperbogels zusammen. Worauf gründet sie sich? Welchen Einfluß konnten die Spielleute auf das Volksleben ausüben?

Walther von der Vogelweide.

Minnelieder.

1. Maienlust. Schildere die Situation.

V. 12. Nicht nach dörfischer Art, sondern nach höfischer Sitte. Vgl. zu Nr. 2, V. 15.

V. 25 (Str. 4). Die Frau weist ihn, als er ihr draußen begegnet, durch ihr ungnädiges (höhnisches V. 32?) Lächeln ab. Das trübt dem Sänger die Freude.

2. Frühling und Frauen. Welche Situation und Voraussetzung, welche Einkleidung des Gedankens?

V. 15 (vergl. V. 13) sittsam, nur ein wenig, darf sie sich umsehen, wie es die Sitte und höfische Zucht erlaubt. Vgl. Nr. 1, V. 12.

3. Frühlings Wiederkehr. Welche Stimmung drückt das Lied aus und welches Ereignis setzt es voraus? — V. 15 (Str. 3) käme ich nicht zu dieser Frühlingsfreude, so hätte ich gar keine Freude mehr. Die Lust am Leben wie ehedem, vor meiner Krankheit, habe ich ja doch nicht mehr.

4. Der Traum. „Dreimal spannt der Dichter die Erwartung und täuscht sie mit neckischem Spotte. Im Lindenschatten am Quell ruht er behaglich; welch Abenteuer wird nahen? Nur ein Traum! Der Traum schenkt ihm alle Herrlichkeit von Himmel und Erde; wird er sie behalten? Ein Krähenruf verscheucht sie! Ein traumkundiges Weib naht; was wird sie verkünden? Eine Narrheit, eine komische Verspottung der Traumgläubigen!" (Polack.)

5. Sehnsucht nach dem Frühling. Nach Wilmanns' Vermutung gedichtet mit Anlehnung an ein lateinisches Frühlingslied eines Fahrenden 'Cedit, hiems, tua durities', worauf die Strophenform und das dactylische Versmaß deuten. Siehe oben zu Minn. Frühl. Nr. 3.

V. 4 vergl. Reinmars 'Glücksverkündigung' Nr. 15, V. 22.

V. 9. Winter und Frühling liegen im Kampf, wie es das Volk sogar in dramatischen Aufzügen darstellte und die Vaganten häufig in ihren Liedern besangen.

6. Ein Tröstelein. Man beachte Situation und humorvolle Stimmung; vergl. „Ich saß auf einem Stein ꝛc." Walther Nr. 12.

V. 8. Doch spottet nur; ich weiß wohl, warum ich mich freue.

V. 14. Vermutlich wurden abwechselnd zwei Finger der Hand über einander um den Halm gelegt, bis das Ende erreicht war. Wir zählen die Blätter der Blumen, der Akazie, auch die Knöpfe des Rockes ab.

7. Winterklage, wegen seiner Reime auch Vokalspiel genannt. Aus der Erwähnung des ziemlich unbekannten Cistertienser=Klosters Dobri=

lug (V. 35) an der Südgrenze der Provinz Brandenburg (gest. 1184) schließt man, daß das Lied am Hofe des Markgrafen Dietrich von Meißen gesungen sei, an den das Kloster mit der Ostmark im Jahre 1210 fiel.

V. 17. Von drei Sorgen redet W. auch in einem Spruche. Dort meint er „Gottes Huld, meiner Frau Liebe und den wonniglichen Hof zu Wien, wie ich die gewinne."

V. 28 wie unsre Redensart, „jagt er ins Bockshorn" zu verstehen. Oder es schwebt das Bild des Frierenden vor, der sich ins Stroh verkriecht.

V. 30: so entwöhne ich mich aller höfischen Sitte.

8. Wahre Liebe. Neben aller, der höfischen Sitte entsprechenden Tändelei des Frauendienstes legt Walther wie der ihm an Ernst der Gesinnung am nächsten stehende Wolfram Zeugnis für die wahre Liebe ab, deren Ziel die Treue in der Ehe ist. Obgleich man ihn bei Hofe deswegen tadelt, daß er den Wunsch seines Herzens auf ein gleichgestelltes Mädchen niederer Herkunft (V. 6) richtet, wagt er doch dafür seinen Sang zu erheben, der sich durch den schlichten, natürlichen Ausdruck der Empfindung vor vielen auszeichnet.

V. 10 „liep bezeichnet das Anmutige, Angenehme, liebe die Empfindung, die dadurch hervorgerufen wird; minne die Liebe, insofern sie sich auf einen andern richtet." (Wilmanns.)

V. 17 beachte den Doppelsinn.

V. 21 du bist schön, in meinen Augen, weil ich dich liebe, und hast genug, nämlich Schönheit.

V. 24 die ärmeren Leute trugen Ringe von Glas.

V. 25 triuwe ist die redliche, unwandelbare Gesinnung, stætekeit die Treue.

Für Kaiser und Reich.

9. Leopolds Milde. Von Walther gedichtet vor seinem Scheiden von Österreich, als sich die Verhältnisse nach Friedrichs des Katholischen auf dem Kreuzzuge 1198 erfolgten Tode durch Leopolds Thronbesteigung so geändert hatten. Siehe Einl. S. 6.

10. Vermächtnis. Der Dichter, welcher seine Heimat verläßt, tritt als Erblasser auf und vermacht all seinen Jammer höhnisch seinen Feinden.

V. 10 meint seine Liebesleidenschaft. Da er treu und fest seine Liebe einer Frau zuwandte, die ihn nicht beachtete, so nennt er dies im Spott unsinnig, sinnlos.

V. 11 die Untreuen kennen solche Liebe natürlich nicht. Drum wünscht er, daß sie ihnen einmal zur Strafe zu teil werde.

11. Reisesegen oder Morgengebet.

V. 6 um der Herrlichkeit der Jungfrau Maria willen.

V. 7. Der Engel verkündete des Heilands Geburt und schützte die h. Familie vor der Verfolgung des Herodes.

V. 9. „Wahrhaftiger Gott, vom Vater in Ewigkeit geboren und auch wahrhaftiger Mensch von der Jungfrau Maria geboren."

V. 10. Du, Christus, demütig und niedrig in dem Stalle, obwohl der Engel dich behütete.

V. 13. 'sonder Spott' ist Beteuerung wie 'fürwahr'.

12. Gut, Gnad' und Ehr'. Walther überlegt auf seiner eben angetretenen Wanderung, die ihn zum Fahrenden, Heimatlosen machte, die traurige Lage der Welt und des Reiches bei Heinrichs VI. Tode (1197). Sein Blick bleibt nicht an seinem persönlichen Leide haften, sondern wendet sich, grade dadurch des Dichters großen Charakter bekundend, dem Allgemeinen zu. Sein eignes Elend drückt ihn nicht zu Boden, macht ihn nicht zum verzweifelnden Verächter seiner Zeit, sondern zu dem bewunderungswürdigen deutschen Dichter, der das Wohl seines Vaterlandes auf dem Herzen trug, macht ihn zu dem deutschen Mann, der an den Kämpfen seines Vaterlandes teilnimmt und mutig für seine Überzeugung eintritt. (Vgl. Einl. S. S.)

Vergl. zu dem Inhalt des Spruches unten Nr. 38. 'Reichtum ohne rechten Sinn'. Heinrich von Melk, der Satiriker des 12. Jahrhunderts schildert in seiner 'Erinnerung' die Sorgen eines Königssohns, welche beginnen, sobald er ein Ritter geworden: er muß spät und früh um seine Ehre sorgen und wie er seine Lehen mehre. Hat er sich ein ruhiges Leben erwählt, so ist seine Ehre bald verloren und seine Genossen verstoßen ihn. Entschließt er sich aber zu untreuem Wesen (und Gewaltthat), so verliert er das Heil seiner Seele. — Beachte die stimmungsvolle Situations=Schilderung am Eingang des Spruches. In zwei Handschriften, welche seine Lieder enthalten, ist Walther in dieser Haltung abgebildet (vergl. die Nachbildung in Königs Litteraturgeschichte).

V. 20. Beachte das hier gewählte und durchgeführte Bild.

13. Zur Königswahl. Versuche nach diesem und dem folgenden Gedichte mit Hilfe der Einleitung (S. 8 flg.) die politischen Zustände bei Walthers Eintreten in den Kampf zu schildern. Philipp von Schwaben wurde von seinen Anhängern an seines unmündigen Neffen und Mündels, des späteren Friedrichs II. Statt gewählt und am 8. Sept. 1198 zu Mainz gekrönt, während die Gegner und nachher auch der

Papst Innocenz III., der den Staufen feind war, für Otto IV. von Braunschweig eintraten.

V. 22. 23. Jeder Fürst glaubte selbst berechtigt zu sein, die deutsche Krone zu tragen, und Philipp hatte eine ganze Anzahl Mitbewerber, welche Walther die armen Könige nennt.

V. 24. Der Waise ist der einzigartige köstliche Edelstein der Kaiserkrone, den Herzog Ernst von Schwaben von seiner Wallfahrt vom Karfunkelberge mitgebracht haben sollte. Albert Magnus († 1280) sagt: lapis, qui in corona Romani imperatoris est neque umquam alibi visus est, propter quod etiam orphanus vocatur.

14. Des Reiches Zwiespalt. Der Spruch bezieht sich auf die Kämpfe um die Krone (1198—1201) und den Bann, den Innocenz III. 1201 über Philipp und seine Anhänger aussprach.

V. 6 betrügen, nämlich durch Lügen und Falschheit.

V. 12. Leib und Seele gewissermaßen als Repräsentanten der weltlichen und geistlichen Macht.

V. 13. Anfangs versuchten sie es mit weltlichen Mitteln. Dann, als sie sahen, daß die Laien in der Übermacht und ihnen im Kampfe überlegen, griffen sie zur geistlichen Gewalt, dem Bann, und verfuhren dabei höchst willkürlich (V. 17).

V. 16. Stola ist das gottesdienstliche Amtskleid der Priester, „eine breite Binde, die um den Hals über die Achseln und kreuzweis über den Leib bis auf die Knie über dem Chorhemd herabhängt."

V. 18 nämlich König Otto.

V. 19. Man bezieht dies auf das Interdikt, das alle Orte traf, wo der gebannte Philipp und seine Anhänger sich befanden. „Die Kirche versagte dem Volke die Segnungen des Gottesdienstes. Das ist das Leid, welches der fromme Einsiedler in seiner Klause beweint."

V. 20. In die Einsamkeit der Klausen hatten sich die wahrhaft Frommen zurückgezogen.

V. 24. Innocenz III. war erst 37 Jahr alt, als er 1198 den Stuhl Petri bestieg.

15. Philipp gekrönt. Philipp war im September 1198 in Mainz gekrönt worden.

V. 10. Wer sich noch nicht entschieden hat für einen der Kronbewerber, der soll sich jetzt fügen, da Philipp die Krone trägt, vergl. „Zur Königswahl" Nr. 13 V. 25. Ebenda siehe über den Waisen.

16. Mahnung an die Geistlichen. Wie im vorigen Spruche die Fürsten, so werden in diesem die Geistlichen gemahnt, sich der Obrigkeit zu beugen, welche die Gewalt hat, vgl. Röm. 13, 1.

17. Mahnung an Philipp.
V. 5 so viel, daß es für zwei Könige genug wäre.
V. 6. Die „Milde" d. h. die Freigebigkeit soll des Königs Schatz von Gut und Ehre verwalten und selbst austeilen, vergl. V. 11. Die Freigebigkeit war die erste Pflicht des Königs; nur durch sie konnte er sich die große Zahl seiner freien Anhänger sichern und seine Beamten sich erhalten.
V. 11. Wer es versteht, alles der „Milde" zu überlassen, erntet reichen Lohn.
V. 13. Alexanders des Großen Freigebigkeit war im Mittelalter und noch zu Goethes Zeit (Wilh. Meister) sprichwörtlich. Zum Dank erhielt Alexander von ihr alle Reiche der Welt.

18. Philipp in Magdeburg. Der König feierte 1199 das Weihnachtsfest in Magdeburg, wo Walther also in seinem Gefolge war. Vergl. die Schilderung in den Gesta Episc. Halberst. Einl. S. 10, welche zeigt, wie genau Walthers Darstellung der geschichtlichen Wahrheit entspricht.
V. 4. Philipp war Friedrich Barbarossas Sohn und Heinrichs VI. Bruder.
V. 5. Anspielung auf die Dreieinigkeit als Bild der Vollkommenheit.
V. 7. So gebot es die höfische Sitte und die Feierlichkeit des königlichen Zuges.
V. 8. Irene, Tochter des Kaisers Alexius von Byzanz. Vgl. S. 10.
V. 9. Beinamen der Jungfrau Maria, die der Dichter der Königin beilegt, weil diese in Deutschland Maria hieß.
V. 10. Zucht ist der Inbegriff alles höfischen Benehmens. Zeige aus Walthers Gedichten, was darunter zu verstehen ist, was dazu gehört.

19. Des Papstes Gebot. Über die letzten Jahre Philipps und seine Ermordung schweigt Walther auffallender Weise ganz. Welche Gründe kann dies haben? — Als Philipp im Jahre 1208 ermordet worden war, wurde Otto allgemein anerkannt und 1209 in Rom zum Kaiser gekrönt. Als er aber nun die kaiserlichen Rechte in Italien und Sizilien in Anspruch nahm, entstand neuer Streit, welchem 1210 der Bann folgte. Vergl. zu diesem und dem folgenden Spruche unter Nr. 27 „Der Pfaffen Einmischung".
V. 4 Kaiser Otto IV., dem sich nach Philipps Tode auch Walther zugewendet hatte.
V. 8 mit Beziehung auf den Segen Abrahams 1. Mos. 12, 3.
V. 12 ob ihr durch solch Verfahren das Ansehn der Geistlichen (und der Kirche) vermehrt.

20. Doppelzüngigkeit.
V. 4 nämlich: für Otto einzutreten und ihm zu gehorchen.
V. 10 die neue: nämlich uns von Otto zu wenden.

21. Otto von Gottes Gnaden Kaiser. Hier tritt Walther dafür ein, daß der deutsche Kaiser seine Macht unmittelbar von Gott habe und sein Stellvertreter (Vogt) auf Erden sei. Des Papstes geistliches Regiment wird absichtlich nicht berücksichtigt, auch hier, wo der Dichter den Kaiser zu einem Kreuzzug veranlaßt. In Gottes Namen fordert er ihn auf, in Palästina Recht zu schaffen. Gott werde ihm dafür in Deutschland Recht schaffen. Dies ist vielleicht das trotzigste Wort deutscher Selbständigkeit, das Walther je gesprochen. Friedrich II. handelte bekanntlich später trotz dem Papste so, vermutlich mit durch unsres Dichters Einfluß. Vielleicht ist es auch nicht ohne Zusammenhang damit, daß Otto, noch ehe er in Rom gekrönt worden war, aus seinem Titel das herkömmliche „von Papstes Gnaden" fortließ. Man setzt den Spruch ins Jahr 1211, wo Otto, vom Papste gebannt, aus Italien zurückkehrte und in Frankfurt einen Hoftag abhielt.

22. Der Kaiser Milde und Länge. Über Milde siehe zu Nr. 17 V. 6. „Otto hatte nichts Gewinnendes; er flößte mehr Furcht und Schrecken ein, als Liebe. Innocenz wußte, was er that, als er im Jahre 1208 seinen Günstling warnte, sich harter Reden und gewaltthätiger Werke zu enthalten, Wohlwollen und Herablassung, Ehre und Gnade allen zu erweisen. Aber solche Eigenschaften lassen sich nicht lernen. Dazu kam dann noch, daß Otto es nicht verstand, zu rechter Zeit und in rechter Weise die Freigebigkeit zu üben; magnificus promissor et parcissimus exhibitor heißt es bei Mattheus von Paris" (Wilmanns). Siehe Einl. S. 9.

V. 5 ein Torso, verstümmelte Bildsäule.

V. 8 König Friedrich, noch jugendlich, berechtigt also zu Hoffnungen, der alte Otto nicht mehr.

V. 10 riesengroß an Freigebigkeit. So kehrte Walther wieder in den Dienst der Hohenstaufen zurück, denen er sich zuerst geweiht hatte.

23. An Friedrich. Der 2. Vers enthält den Grund, aus welchem Walther den Kaiser Otto verlassen hatte, die Undankbarkeit desselben. Er hatte Ottos Wort, wie er in einem andern Spruche sagt, das ihm versprach, ihn reich zu machen, aber er hatte ihn betrogen; einen so geizigen Herrn habe er noch nie gehabt. Doch war gewiß das Wohl Deutschlands nicht minder für seine Trennung maßgebend.

Welche verschiedenen Gründe trennten Walther von seinen Kaisern, welche verbanden ihn mit ihnen? Welche mittelalterliche Einrichtung (Wahlreich) erklärt dies? Wie ist sein Verhalten zu beurteilen? Wie würde sich dasselbe und unser Urteil in der Gegenwart gestalten? Das Vaterland ging Walther über alles.

V. 8 so, wie es mir jetzt geht, dem Heimatlosen.

V. 9. Der ein eigen Heim hat und warmen Herd, hat gut singen vom grünen Klee. Wer aber immer draußen liegen muß, der singt lieber vom eignen Haus, nach dem er sich sehnt.

V. 10. Der König hatte viel eigne Not, sei es nun, daß Friedrichs Kampf gegen Otto gemeint ist, oder seine Sorge um die Königswahl seines Sohnes und um den Kreuzzug.

24. Sehnsucht nach einem Heim.

V. 1. Zu mir sagt niemand Herr Wirt; denn ich habe kein Heim.

V. 7 Gaukelfahrt. Walther meint wohl die Landstreicherei der niedern Fahrenden, Gaukler und Possenreißer!

V. 9. Wir empfinden beim Worte „Gast" vorzüglich das geladen sein und bewirtet werden. Im Mittelalter herrscht der Begriff des Fremdseins vor. Im „Schach" liegt die Gefahr, welche dem Könige von seinen Gegnern droht. Man hat das Gedicht auch auf Otto bezogen, den Friedrich in Schach hielt.

25. Dank an Friedrich.

V. 7 sie erschraken schon, wenn sie den Dichter nur sahen, weil er ihnen zur Last fiel.

V. 9. Das Bild berührt uns unangenehm, während wir ähnliche Ausdrücke übertragen gebrauchen, ohne die eigentliche Bedeutung zu fühlen, wie: übel berüchtigt, in schlechtem Geruch stehen. — Walther meint, er sei durch seine schlechte Stimmung in den letzten Jahren den Leuten unangenehm gewesen.

Wie findet das Wort: „die Kunst geht nach Brot" auf Walthers Leben Anwendung?

26. Landgraf von Thüringen.
Dieser Spruch steht hier als Vertreter jener vielen, welche Walthers Beziehungen zu andern Höfen berühren, ohne doch allgemeineren Wert zu haben. Unter diesen Fürsten war Hermann von Thüringen der berühmteste; an seinem Hofe war der Dichter wiederholt. Ebenso Veldeke, Wolfram u. a. (siehe Einl. S. 3 und 5). Man denke an die Sage vom Sängerkrieg auf der Wartburg.

27. Der Pfaffen Einmischung.
Um Walthers Stellung zum Papst zu kennzeichnen, bilden die folgenden Sprüche eine Gruppe. Man vergl. dazu oben Nr. 14, 16, 19 u. 20. Die Geistlichen hatten sich in die Königswahl eingemischt. Der römische Legat hatte bei Strafe des Bannes befohlen, Otto anzuerkennen, als 1201 eine versuchte Einigung der Fürsten nicht zu Stande kam. Diesen Machtanspruch, wie überhaupt die weltliche Herrschaft führt die römische Kirche auf die sog. Schenkung Konstantins zurück. (V. 3. Das Kreuz bezeichnet die geistliche, Speer und Krone die weltliche Herrschaft.) Man erkannte schon früh auch in

Laienkreisen, daß dadurch viel Unheil in die Kirche gekommen sei, und beklagte dies. Haupt vergleicht aus einer Wiener Handschrift: legitur, quod eo die, quo a Constantino dotata est ecclesia, audita est vox angelica dicens: hodie effusum est venenum in ecclesia, quia major est dignitate et minor religione. Und Hermann von Fritslar (ein gelehrter Laie um 1350) sagt: Wizzet, daz diz ist noch ein wurzele und ein grundfeste alles krieges zwischen den bebisten und den keisern. (Wilmanns.) — Zeige dies in der deutschen Geschichte bis auf unsre Zeit.

28. Der wälsche Schrein. Der Papst hatte 1213 in den Kirchen Deutschlands besondere Sammelkästen (Opferstöcke) aufstellen lassen, um für den Kreuzzug zu sammeln. Dieser herbe, von dem tiefen Groll des Dichters zeugende Spruch (vergl. Einleitung S. 9, wo sich der Abt von Ursperg ähnlich ausspricht) machte gewaltiges Aufsehen und erfuhr zum Teil auch heftigen Widerspruch. Thomasin von Zirclaria, ein friaulischer Edelmann, tadelt z. B. um 1215 in seinem „Wälschen Gast", daß Walther durch diese Rede hât tûsent man betœret, daz si hânt überhœret gotes und des bâbstes gebot.

V. 4. Alemannen, wälsche Bezeichnung der Deutschen; gemeint sind Otto, den der Papst erst unterstützt hatte, und Friedrich II.

29. Der Opferstock ist die in den Kirchen aufgestellte Sammelbüchse, welche die Gestalt einer schlanken Säule hatte. —

Nicht weniger scharf griff Walther den Papst in andern Sprüchen an. Er sagt, er habe St. Peters Schlüssel, handle aber gegen seine ausdrückliche Lehre (Apostelgesch. 8, 20), indem er Simonie und Ablaß dulde. Es ward uns bei der Taufe schon verboten, Gottes Gaben zu kaufen oder zu verkaufen. — Welches Bild erhalten wir aus den bisher gelesenen Sprüchen von Walthers Stellung zur Kirche?

30. Deutschland über Alles. Das Lied soll den Abschluß der politischen Sprüche bilden, wie zuletzt der Schwanengesang den Abschluß seines Lebens. Gedichtet ist es vermutlich, als Walther nach längerer Abwesenheit in seine Heimat zurückkehrte. Siehe Einleitung S. 5. — Wilmanns will Strophe 1 und 3 auf die Männer, 2 und 4 auf die Frauen, 5 auf beide beziehen.

Für Gottes Ehr' und deutsches Wesen.

31. Brüderlichkeit. Darin sind doch sogar Juden und Heiden mit den Christen einverstanden, daß er, der allmächtige Gott, unser aller Vater ist, wir also vor ihm alle gleich sind. Darum überhebt euch nicht gegeneinander, ihr Christen, sondern handelt nach seinen Geboten, welche Bruderliebe verlangen.

V. 1. Man vergl. 1. Joh. 3, 18: Lasset uns nicht lieben mit Worten, noch mit der Zunge, sondern mit der That und mit der Wahrheit.

V. 4. Vergl. 1. Joh. 4, 20: So jemand spricht: ich liebe Gott, und hasset seinen Bruder, der ist ein Lügner. Denn wer seinen Bruder nicht liebet, den er siehet, wie kann er Gott lieben, den er nicht siehet.

V. 6. Das Wort Liebe hat dann keinen Lebenstrieb.

V. 9. Ich verstehe: Ob kostbare Speise, ob trocknes Brot, in Bezug auf unsre Ernährung hat es gleichen Wert.

32. Selbstüberwindung. V. 4. Seine Glieder in der Gewalt hat.

V. 6. Zucht und Scham, die man nur vorübergehend annimmt, weil man sich vor Fremden „geniert".

Vergl. Schillers „Kampf mit dem Drachen".

33. Unbeständige Freundschaft. V. 6. Die Kugel oder der Ball sind das Bild der Unbeständigkeit. Wie ein Ball an Stäte, an Beständigkeit, d. h. unbeständig. Das Glück ist rund als wie ein Ball.

V. 11. Bin ich gegen den auch unbeständig.

Reihe diese Lebenserfahrung in Walthers Leben ein.

37. Habsucht. V. 9. Man denke an Luthers Reformationslied! Vergl. oben Nr. 12.

V. 14. Ein Narr und an rechter Weisheit blind ist der, welcher etwas andres für Gottes Huld und Ehre erwählte.

38. Reichtum ohne rechten Sinn. V. 6. Er selbst ist schuld daran, daß ihm sein Reichtum Schaden brachte, weil er nicht mit der rechten Gesinnung verbunden war. Reichtum in unedlen Händen schadet dem Besitzer nur.

V. 11. Die ritterliche Welt. Des echten Ritters höchstes Streben war die Huld Gottes und Ehre zu besitzen. Ist es mit Recht so, dann mag auch der Reiche keinen andern Lohn finden, als der in seinem Reichtum liegt. Vergl. oben Nr. 12 „Gut, Gnad' und Ehr" und den Schluß des Parzival, wo es nach Bötticher's Übertragung so heißt: Wes Leben sich so endet, daß Gott nicht durch des Leibes Schuld die Seele wird entwendet, und er doch die Huld der Welt mit Würde weiß sich zu erhalten: der hat vergebens nicht gelebt.

V. 12 vgl. Christi Wort: Niemand kann zween Herren dienen. Matth. 6, 24.

V. 15 vergl. Sie haben ihren Lohn dahin. Matth. 6, 2.

39. Ehret die Alten. Pietätlosigkeit ist ein Zeichen sittlichen Verfalls. Vergl. Jes. 3, 5: „Der Jüngere wird stolz sein wider den Alten und ein loser Mann wider den Ehrlichen."

Spr. Salomos 13, 24: Wer seiner Rute schonet, der hasset seinen Sohn. 22, 15: Thorheit steckt dem Knaben im Herzen, aber die Rute der Zucht wird sie ferne von ihm treiben.

40. Jugendlehren. Das Gedicht findet seine Ergänzung und Einschränkung durch das Vorige. Die Rute zwingt es nicht, wohl aber ist sie unter Umständen unentbehrlich, wie Salomo bezeugt.

41. Das heilige Land. Das berühmtere der beiden Kreuzlieder, auf den Zug von 1228 gedichtet. Möglich, daß Walther mit dem Kaiser selbst nach Palästina kam. Das Lied feuert zur Eroberung des heiligen Landes an, auf das die Christen das meiste Recht haben. Von den Stätten, welche Christi Fuß betrat, wird keine erwähnt. Die übrigen Strophen halten nicht recht, was die erste verspricht.

V. 42. Wohl dem, der schon hier auf Erden seine Schuld getilgt hat. Vergl. Matth. 5, 25.

42. Schwanengesang. „Es ist, soviel wir vermuten können, dies das letzte Lied Walthers und vielleicht das schönste, das er je gedichtet; wenigstens wird sich an Innigkeit der Empfindung keines mit ihm messen können. Es ist, als hätte sein Auge schon einen Blick in die lichten Räume des Himmels geworfen und wendete sich nur noch einmal zum Scheidegruß zur Erde zurück. Wie ein Traum liegt die Zeit der Jugend hinter ihm. Jetzt ist er erwacht und weiß sich in dem, was ihm früher so bekannt war, nicht mehr zurecht zu finden. Die Zeit ist mit harter Hand über die Erde gefahren. Der Frohsinn ist aus der Welt entwichen, seine Zucht und Sitte verloren, die Häupter der Christenheit leben im Kampf. Welcher Weg führt aus diesem Jammer hinaus? Der Tod für den, der für uns gestorben." (Wilmanns.)

V. 37 siehe zu Minnes. 14, V. 29.

Fasse zusammen, was uns die Gedichte von der tief religiös angelegten Natur des Dichters offenbaren.

„Das Gesamtbild, das wir gewinnen, ist zugleich ein Kulturgemälde mittelalterlichen Lebens (Frauendienst, Herrendienst, Gottesdienst), aber auch ein Abbild eines Menschenlebens, das seinen Wert für jede Zeit behält, weil es durch Reinheit und Edelsinn, durch Wärme und Begeisterung, durch schlichten Glauben und wahre Frömmigkeit vorbildliche und erzieherische Bedeutung gewinnt." (A. Matthias.)

Wörterverzeichnis
zum mittelhochdeutschen und lateinischen Texte.

A.

aber, abe, ab wieder, aber.
aberelle, aprille swm. April.
abyssus, abgründe stn. Abgrund.
ænic sîn eines entbehren.
affabilis leutselig.
afterriuwe stf. Nachreue.
ahî Ausruf der Freude.
al ganz.
alsam gleichwie.
als wie, als ich dâ ba wo ich, M. 13,11.
als, alse also.
anden strafen.
anders anders, sonst.
anderswâ, anderswar anderswo, anderswohin.
ange genau.
angest stf. Bedrängnis, Sorge.
anges(t)lîch bedrückend.
armen arm sein.

B.

bal Bild der Unbeständigkeit, in balles wîs bald so, bald so.
bannen prt. bien excommunicieren.
baz besser.
bêdenthalben eines auf beiden Seiten von.
bedunken einen scheinen.
bevâhen umfangen.
behalten bewahren, aufbehalten.
behêren sich eines sich gegen jem. überheben.
beherten erzwingen.
bein stn. Knochen.
beiten warten.
bejagen erwerben.
bekennen kennen.
bekêrâ f. snîâ.
beklemmen einklemmen.
berâten versorgen.
bern tragen, bringen, schaten geben.
bescheiden einem unterrichten, belehren.
beseme swm. Rute.
besliezen einschließen.
bewegen sich eines d. s. entäußern.
bewinden umwinden.
binden, wol gebunden mit schönem Kopfputz.
blâ, blâwes blau.
blîtschaft stf. Freude.
blôz entblößt.
blüemen wie mit Blumen zieren.

bœse niedrig, gering, schlecht, feig, karg, W. 26,7.
brâ stf. Augenbraue.
bringen wider von dem Gedanken zurückbringen.
brogen trotzen.
brüeven untersuchen, prüfend beschauen.
brunne Quelle.
büezen einem eines d. jem. von etwas befreien.
butze swm. Schreckbild, Unhold, (eig. kurzes, dickes Wesen; daher Butzenscheibe).

D.

dahte prt. von decken.
danc stm. Dank, âne d. wider Willen.
dar dahin.
dehein irgend ein.
deich = daz ich.
deist = daz ist. deiz = daz daz.
dennoch dann.
der = dar M. 17,4. wenn einer W. 2,27.
derst = der ist.
deweder keiner von beiden.
dez = daz.
dicke oft.
dienen Hofdienst, Frauendienst thun.
diezen rauschen.
distrahere verkleinern.
domna = domina.
dôn stm. Ton, Melodie.
dörpellîch bäurisch (von Dorf).
dörperheit bäurisches (im Gegensatze zum höfischen) Wesen.
drâte schnell.
drîge = drîe.

dringen einen bedrängen.
drû. drûch stf. Fessel, Falle.
dûme, swm. Daumen.
dunken einen prt. dûhte dünken, scheinen.
durch um — willen.

E.

ê früher.
ebene gleichmäßig, passend.
eht doch.
eiden eidlich verpflichten die Wahrheit zu sagen.
eigen hörig, leibeigen.
eigen stn. Eigentum.
eine allein.
einlœtic gleich gewichtig.
eischen prt. iesch heischen, fordern.
elliu = alliu.
enbern nicht haben.
ende. an dem ende zuletzt.
entrennen prt. entrande trennen.
entspringen entsprießen.
entstân sich eines d. verstehen.
entwern eines d. versagen.
erbeiten eines d. erwarten.
erbleichen fahl werden.
ergân geschehen; eines W. 4,26.
erglesten glänzen.
ergraben eingraben.
erkiesen prt. erkôs erwählen.
ermen arm machen.
ernenden sich wagen an.
erschrecken auffahren, erschrecken.
erwenden zur Umkehr, zum Abstehen bringen.
erwern einen eines d. abwehren, schützen vor.
erwinden ein Ende nehmen, aufhören.
erzeigen zeigen.

F. siehe V.

G.

gâch eilig.
gân, gên nâch nachstehen, geringer sein. wider g. zurückkehren.
gar ganz; davon Adverb:
garwe völlig.
garrire schwatzen, girren.
gast stm. Fremder.
geben geben, verleihen.
gebâren sich benehmen.
gedîhen, gedien, Fortgang haben, in einen Zustand kommen; ich gedîe es ergeht W. 4,31.
gevallen zufallen, zu teil werden W. 3,21.
gevieret wol richtig viereckig.
gevüege was sich fügt.
gegen, gein mit Dativ gegen.
gehaben sich sich befinden.
gehalsen friuntschaft sehr innige.
gelâz stn. Bildung, Benehmen.
gelf glänzend, von heller Farbe.
geliep lieb. Plur. Geliebte.
gelten als Vergeltung eintragen M. 14,23.
gemeine allgemein.
gemeit fröhlich.
genâde st. swf. Huld, Güte, Gunst, Erhörung.
genagen prt. gnuoc nagen M. 26,7.
genesen mit dem Leben davon=kommen, selig werden.
genôz stm. Genosse. eines g. einem gleich. mîn g. meinesgleichen.
genôzen gleichstellen.
ger stf. Verlangen, Anspruch.
gerihte stn. Rechtsverfahren.
gern eines d. begehren.

geruochen berücksichtigen.
getân beschaffen.
getwerc stn. Zwerg.
gewalten eines walten, lenken, fügen.
gewerbe stn. Thätigkeit.
giht prs. von jehen.
glesîn gläsern.
gnôz f. genôz.
gouch stm. Kuckuk, Narr.
gougelfuore stf. närrisches Treiben.
grînen Zähne fletschen.
griulen einem grauen.
grôz dick, stark.
grüezen ansprechen.
guldîn gülden, von Gold.
gunêren = geunêren.
gunnen, prs. gan, einem eines einem etwas gönnen, wünschen. wol g. Gutes gönnen.

H.

habe stf. Hafen.
habedanc stm. Dank, Lob.
hacke swf. Hexe.
haft stm. Halt.
halsen umarmen.
halten spil noch einsetzen, wenn es schon verloren ist, M. 25,6.
hantgetât stf. Geschöpf.
haz stm. Feindschaft.
heben heben. sich ûf h. sich er=heben. sich an ein d. wohin aufbrechen.
helle stf. Hölle.
hellen hallen, tönen.
heln verbergen.
hiure in diesem Jahre, heuer.
hô = hôch.
hôchgemâc mit hohen Verwandten.
hôchgemuot mit edlem, hohem Sinn.

hôchgezît stf. Fest.
hœne hochfahrend.
hovelîchen nach höfischer Sitte, mit höfischem, feinem Anstand.
hovestæte an der Hofsitte festhaltend.
honegen voll Honig sein.
hœren eines d. hœret zuo gehört zu.
hornunc stm. Februar.
hort stm. Schatz.
houbetsünde stf. Todsünde.
huobe Stück Land, Hufe.
huote stf. Hut, Aufsicht. brechen sich frei machen.

I.

ie einmal, immer.
iedoch dennoch.
ieman, iemen jemand.
iemer jemals; in abh. Sätzen: nimmer.
iesch prt. von eischen.
ieze bereits.
iht etwas, irgendwie.
improperare Schuld geben.
in, ich en (daß) ich nicht M. 16,29.
ingesinde stn. Gefolgschaft (von sint Weg, Fahrt). swm. Hausgenosse.
irre gên eines d. nicht zurecht wissen in betreff.
irren an einem d. stören, hindern.

J.

jehen prs. giht sagen.
jo, joch auch.
jocundari sich freuen.

K. C. Q.

kaphen bewundernd anschauen.
cautum sibi non esset er sei nicht davor gesichert.

kiesen wählen.
cirkel siehe z.
kiusche zurückhaltend in Sinn und Gebärden, sittsam, sittenrein.
kleine gering.
klôsenære stm. Klausner.
klûs stf. Klause, Zelle des Einsiedlers.
krâ stf. Krähe.
kranc schwach.
quantum. in q. soweit.
künde bekannt. stf. Bekanntschaft.
kündic bekannt.
kurzewîle stf. Kurzweil, Unterhaltung.

L.

lâge stf. Nachstellung.
lâzen, lân zurücklassen.
lê, lêwes stm. Hügel.
lêhen. durch gottes l. durch göttliche Verleihung, Fügung W. 34,8.
licet wiewohl.
liebe swm. Geliebter M. 9,3.
liebe stf. Freude, Wohlgefallen, Liebe, siehe Anm. z. W. 8,10.
lieben lieb machen.
liegen lügen.
lieht glänzend, licht.
lîhen part. geligen leihen.
lîp stm. Leib, Leben, iuwer l. ihr. ir minneclîcher l. sie die Liebliche.
list stm. Klugheit. arger l. schlimmer, böser Streich.
lit stn. Glied.
litigiosus in Processe verwickelt.
lô, lôch stm. Wald, Busch.
louben Laub bekommen.

lûne stf. Mondphase, Veränder=
　lichkeit, Laune.
lût laut.
lûter klar, hell.
lützel klein, wenig.

M.

mâc stm. Verwandter.
mære stn. Kunde.
mære bekannt, herrlich.
mâcschaft stf. Verwandtschaft.
manevalt mannigfalt, vielerlei.
manen eines d. erinnern an, auf=
　fordern zu.
manic viel.
marmelîn von Marmor.
mâze. ze m. im richtigen Maße.
mê = mêr.
meie, meige swm. Mai.
mêre, mê ferner, künftig.
merkære stm. Aufpasser.
mez stn. Maß.
michel groß.
miete stf. Lohn.
milte stf. Freigebigkeit.
minne stf. Erinnerung, Liebe, auch
　im religiösen Sinne W. 31,3.
minre kleiner.
müejen bekümmern, quälen.
müezen müssen, sollen.
mugen prs. mac. können, mögen,
　wollen W. 1,1.
münizîsen stn. Münze.
muot stm. Sinn.

N.

nâch dem schaden mîn zu mei=
　nem Schaden.
nâhgebûre swm. Nachbar.

ne nicht. dune wellest daß du nicht
　wollest. M. 13,18.
nebelkrâ stm. Nebelkrähe.
nîden hassen. ein d. über etw. zürnen.
nider niedrig.
niene durchaus nicht; mit Gen.
niener nirgends.
niet = niht, oft mit Gen.
niewan außer.
nîgen verbeugen, danken.
niht nichts. niht ze wê sehr wohl.
nît stm. Haß. nît hân eines d.
　sich ärgern über.
niuwet gar nicht.
nôtic bedrängt.
novus. de novo jüngst.

O.

ob wenn.
obligare verpfänden.
ot nur, doch.
ougenweide stf. freudiger Anblick.

P.

perpetratio Verübung.
phlegen eines umgehen mit, es
　treiben, haben.
phlihten zuo sich verpflichten.
prædium Lehngut.
præfatus oben genannt.
præsumere rechnen auf.
prîs stm. Ruhm.
puteus Tiefe.

R.

rât stm. Rat. eines d. Abhilfe.
reige, reie swm. Tanz, besonders
　im Frühling, wird gesprun=
　gen, während der tanz, im Win=
　ter, getreten wird.

rîche stn. Reich, König.
rîchen reich machen.
rieme swm. Borte.
rîfe swm. Reif.
rihten einem Recht verschaffen.
rimpfen rümpfen, zusammenziehen.
ringe gering.
ringen sich hin und her bewegen, abquälen womit, streben nach.
rippe stf. Abkunft.
rîs stn. Reis, Zweig.
riuweclîche traurig.
rû, rûch rauh.
ruochen, geruhen, wollen, sich bekümmern.

S.

sælde stf. Glückseligkeit.
sældenrîch segensreich.
sælic gesegnet.
same ebenso, als ob.
sanfte angenehm, wohl.
sâze stf. Hinterhalt.
schâch stn. der Ausruf im Schachspiel, welcher den Verlust des Königs ankündigt.
schaffen bereiten, verschaffen.
schalchaft boshaft.
schallen lärmen, singen W. 1,15. prahlen mit seiner Freigebigkeit W. 26,7.
schapel (aus Französ.) stn. Kranz.
schâte = schadete.
scheiden zum Frieden bringen.
schiere bald, schnell.
schiezen ûf emporwachsen.
schîn sichtbar. stm. Glanz, Schein.
schône adv. von schœne.
schouwen schauen.
selbwahsen von selbst gewachsen.

sem = sam. sem mir got nämlich helfe. so wahr mir Gott helfe.
senede = senende schmerzlich.
sêre schmerzlich, sehr.
sêren schädigen, verletzen.
sîdîn von Seide.
sigenunft stf. Sieg.
sinewel ganz rund; Zeichen der Unbeständigkeit.
sinewellen rund sein, rollen.
sinneclîch bedächtig.
sippe stf. Verwandtschaft.
siquidem nun.
sît, sint seitdem.
siule stf. Säule.
slac Schlag, Unglück.
sleht schlicht, gerade, glatt.
slîchen von würdevoller Bewegung gebraucht.
slipfic schlüpfrig.
smiegen schmiegen.
snîen schneien. snîâ imp. mit angehängter Interjektion.
sôst = sô ist.
spiln spielen, funkeln.
spot stm. Scherz, Spiel M. 15,23. Spott. âne, sunder sp. wahrhaftig, aufrichtig.
sprechen einen tac einen Gerichtstag festsetzen.
springen siehe reie. bluomen sprießen.
spüren des Wildes Spur suchen.
stæto, stætekeit stf. Treue.
stæteclîchen beständig.
stân, stên stehen, treten, sô sich sô verhalten, sich befinden.
stellen vollbringen.
stipare begleiten, umdrängen.

stoc stm. Opferstock.
stôle stf. Stola, Amtskleid der Priester, Sinnbild der geistlichen Gewalt, s. zu W. 14,16.
strît stm. einem den st. lâzen, das Feld räumen.
stunde stf. under stunden zuweilen.
sturm stm. Kampf.
sunne stwf. Sonne.
suonetac stm. Tag des Gerichts, letzter Tag.
sus und sô sind Correlativa.
swach gering.
swachen vermehren.
swære schwer. stf. Schwere, Beschwerde.
swar wohin nur immer.
sweigen, swîgen machen, eines d. zum Schweigen bringen.
swenne, wann immer, wenn irgend.

U.

tievel stm. Teufel.
torste prt. von turren.
tougen heimlich, stn. Geheimnis.
træge Adv. zu træge träg, widerwillig.
trehtîn stm. Herr.
tribulatio Verwirrung.
tripudium Begeisterung.
triuwe die immer gleiche, redliche Gesinnung.
trœsten zuversichtlich machen, M. 16,32, sich eines darüber froh sein.
tugen prs. touc prt. töhte nützen.
tugent stf. Inbegriff dessen, was taugt. Tüchtigkeit, edler Sinn und dem entsprechendes Benehmen.
tump unerfahren, unverständig.
tuon thun, machen. getân beschaffen, gebildet.
turren prt. torste wagen.

T.

übergnôz stm. höher als seinesgleichen.
übergrâ ganz grau.
übergulde stf. Übergoldung, Werterhöhung.
üeben, uoben treiben, ins Werk setzen.
undanc stm. des haben u. deswegen seien sie verwünscht.
unebene unpassend.
unvil wenig, gar nicht.
ungebatten soviel wie versûmet, vernachlässigt.
ungemach stm. Leid.
ungenâde stf. Unfreundlichkeit, Haß.
ungeschouwet, unbesehen.
unmære gleichgiltig.
unminne stf. Lieblosigkeit.
unsælekeit stf. Unglückseligkeit, Verkehrtheit.
unsælic nichtswürdig, verrucht.
unschamelîch wobei man sich nicht zu schämen braucht.
unsenfte hart.
unsinnen bewußtlos, unsinnig handeln.
unstæte stf. Treulosigkeit.
unz bis.

V. F.

val, valwes fahl, entfärbt.
valwen fahl werden.
vancnisse stf. Gefangenschaft.

vâren trachten, eines nachstellen.
varn fahren, ziehen, reisen, mit einander bei einander sein. wol v. gut gehen, Glück haben. varnde guot bewegliche Habe.
varwo stf. Farbe.
vêch bunt.
vehten fechten, kämpfen, an gegen M. 13,3. nâch zu erringen suchen.
veige dem Untergang geweiht, was doch nichts taugt M. 22,5.
velsche stf. Falschheit.
veltgebû stm. Feldbau, bestellter Acker.
verbern unterlassen.
verbunnen aus verbe-unnen (vgl. gunnen) prs. verban. einem eines d. mißgönnen.
verdriezen, mich v. eines d. etw. fällt mir lästig. M. 12,10 woran ich stets meine Freude habe.
verdringen part. verdrungen verdrängen.
vereischen erfahren.
vereiten durch Brand verwüsten.
vergeben vergiften.
vergelten zurückzahlen, wieder gut machen.
verligen durch Liegen, Nichtsthun vernachlässigen.
vermîden unterlassen, aufgeben.
verphlihten sich ze einem sich hingeben an.
verre weit.
verschrôten verschneiden.
verschulden eine Schuld abzahlen.
versehen sich eines d. auf etwas rechnen.
versinnen sich sich besinnen, entschließen, richtig handeln W. 17,13.

verspart part. von verspern.
verstân sich eines d. bemerken.
versûmen versäumen, vernachlässigen.
versuochen erproben.
vertragen ertragen, hinnehmen.
verwarren, österreichisch für verworren.
verwâzen verderben, verfluchen.
verwîzen zum Vorwurf machen.
feudum Lehen.
vil sehr. vil manic gar mancher.
vingerlîn stn. Fingerring.
vliezen schwimmen.
vogelkîn = vogelîn M. 11,5.
voget Schutzherr, Vormund, Verweser.
volge stf. Zustimmung.
volloben ausloben, erschöpfend preisen.
volrecken ganz sagen.
forum Jahrmarkt.
frônebote Abgesandter des Herrn.
vröuwen prt. vröute, vröite, vrewete freuen.
vrum stm. swm. Vorteil, Förderung.
vrumen fördern.

W.

wâ, wô woher.
wænen prt. wânde glauben, mit inf. hoffen.
walgen rollen.
wallen prt. wiel, wallen M. 16,23. das Blut schoß mir zu Herzen und bedrängte meine Seele.
walten eines d. es haben.
wan außer, nur. wan daz nur daß.
wan, wande denn.

wan warum nicht.
wân stm. Meinung, Gedanke, Absicht.
warten ausblicken, spähen.
wasten verwüsten.
wât stf. Kleidung.
weder welcher von beiden.
weise swm. Waise, der einzigartige Edelstein der deutschen Kaiserkrone, s. zu W. 13,24.
wellen, weln erwählen.
wellen wollen, mit inf. Umschreibung des Futurs M. 10,6. W. 1,9.
wenen gewöhnen. sich eines d. womit umgehen.
wengel stn. Wängelein.
wenke stf. Schwanken.
werlde, werlt, welt Welt.
werren einen stören.
wer wenn jemand.
wes warum.
wesen sein.
wîch heilig. diu wîhe naht Christnacht.
wider gegen.
widersagen widerrufen.
wiech = wie ich.

wilde stf. Ungezähmtheit.
wîle stf. Zeit. die w. unterdessen.
wîlen, wîlent früher.
wint. ein w. nichts.
wîse stf. Weise, Melodie, in butzen wîs wie ein B.
wizzende stf. Bewußtsein.
wunder wunderbar viel. stn. das Außerordentliche.
wunderalt sehr alt.
wünne stf. Wonne.
wunniclîche wonnig.
wurz stf. Wurzel.

Z.

zâî Ausruf der Freude.
zamen, zemen zähmen.
zehant sogleich.
zelus Eifer.
zerteilen verteilen.
zieren schmücken.
zinsen als Zins geben, preisgeben.
cirkel stn. Fürstenkrone.
zuht stf. Wohlerzogenheit.
zweien entzweien.
zwîvellîch zweifelhaft, unsicher.

Verzeichnis
der ursprünglichen Gedichte in alphabetischer Folge.

I. Aus des Minnesangs Frühling.

	No.	Seite
Ahî nû kumet uns diu zît	7	16
An dem ôsterlîchen tage	19	30
Dem kriuze zimt wol reiner muot	14	24
Der al der werlt ein meister sî	4	14
Du bist mîn, ich bin dîn . . .	1	14
Er ist gewaltic unde starc .	17	30
Ez stuont ein frouwe alleine	9	18
Ez zimt wol helden	22	32
Ich gesach den sumer nie . . .	3	14
Ich hân gedienet lange	21	32
Ich hân gesehen, daz mir	2	14
Ich zôch mir einen valken	6	16
In dem aberellen	12	20
In himelrîche ein hûs stât	18	30
Mîn herze und mîn lip	13	22
Si jehent, der sumer der sî hie	16	28
Sît diu sunne ir liehten schîn	10	18
Springe wir den reigen	5	16
Swenn diu zît alsô gestât	11	20
Swer einen friunt wil suochen	25	34
Swer sînen guoten friunt	24	32
Treit ein reine wîp niht	23	32
Ûf der linden obene	8	18

	No.	Seite
Wol mich lieber mære	15	26
Wurze des waldes	20	30
Zwên hunde striten umbe ein bein	26	34

II. Walther von der Vogelweide.

	No.	Seite
Ahî wie kristenlîche nû	28	68
Allerêrst leb ich mir werde	41	82
Der rîfe tet den kleinen vogelen	3	42
Die veter hânt ir kint erzogen	39	80
Diu krône ist elter	15	58
Diu welt was gelf, rôt	7	48
Dô der sumer komen was	4	44
Dô gotes sun hien erde gie	16	58
Ez gienc eins tages als	18	60
Got gît ze künege	20	62
Got weiz wol, mîn lop	36	78
Hêr bâbest, ich mac wol	19	62
Hêr keiser, ich bin frônebote	21	62
Herzeliebez frouwelîn	8	50
Ich bin des milten lantgrâven	26	66
Ich hân mîn lêhen	25	66
Ich hôrte ein wazzer diezen	13	56
Ich sach mit mînen ougen	14	56
Ich saz ûf einem steine	12	54
Ich wil nû teilen, ê ich var	10	52
Ich wolt hêrn Otten milte	22	64
In einem zwîvellîchen wân	6	46
Ir sult sprechen willekomen	30	70
Künc Constantîn der gap	27	68
Man hôchgemâc, an friunden	35	76
Mir ist verspart der sælden tor	9	52
Mit sælden müeze ich hiute	11	52
Muget ir schouwen	1	38
Nieman kan mit gerten	40	80

Verzeichnis der ursprünglichen Gedichte in alphabetischer Folge.

	No.	Seite
Owê war sint verswunden	42	86
Philippe, künec hêre	17	60
Sagt an, hêr Stoc, hât	29	68
Sît willekommen, hêr wirt	24	64
Sô die bluomen ûz dem grase	2	40
Swer âne vorhte, hêrro got	31	74
Swer houbetsünde und schande	37	78
Swer mir ist slipfic	33	76
Swer sich ze friunde gewinnen	33	74
Swer stætes friundes sich	34	76
Uns hât der winter geschadet	5	46
Von Rôme vogt, von Pülle künec	23	64
Waz wunders in der werlte vert	38	78
Wer sleht den lewen	32	74